Kurt Sontheimer
HANNAH ARENDT

Hannah Arendt, Dezember 1963

Kurt Sontheimer

HANNAH ARENDT
Der Weg einer großen Denkerin

Mit 32 Abbildungen

Piper
München Zürich

ISBN-13: 978-3-492-04382-3
ISBN-10: 3-492-04382-8
© Piper Verlag GmbH, München 2005
Satz: Satz für Satz. Barbara Reischmann, Leutkirch
Druck und Bindung: Pustet, Regensburg
Printed in Germany

www.piper.de

Inhalt

INHALT

Vorwort

Dreißig Jahre nach ihrem Tod in New York im Jahre 1975 gilt die 1906 in Hannover geborene Hannah Arendt als eine herausragende Gestalt des westlichen politischen Denkens im 20. Jahrhundert. Gewiß hatte sie sich schon zu ihren Lebzeiten eine beachtliche Reputation als politische Theoretikerin und Publizistin erworben und zog in wachsendem Maße durch ihre Publikationen, ihre Vorlesungen und Vorträge das Interesse auf sich, aber erst in den vergangenen Jahrzehnten wurde sie zu einer historisch bedeutsamen Figur erhoben, zu einer großen politischen Denkerin. Ihre Arbeiten und die Besonderheiten ihres Lebens und ihrer Persönlichkeit wurden von einer wachsenden Zahl interessierter Wissenschaftler und Intellektueller entdeckt, so daß sie heute als eine der kreativsten und anregendsten Persönlichkeiten des westlichen Kulturkreises angesehen wird. Zahlreiche wissenschaftliche Symposien haben sich mit ihrem Werk beschäftigt, die Sekundärliteratur über Hannah Arendt schwillt Jahr für Jahr an; es gibt Hannah- Arendt-Straßen, Hannah-Arendt-ICE-Züge, Hannah-

Arendt-Preise für politisches Denken, Hannah-Arendt-Zentren und -Institute für die Erforschung ihres Werkes und die Fortführung ihrer großen Themen. Es gibt sogar das Kuriosum, daß aus Anlaß des fünfzigjährigen Erscheinens ihres Hauptwerkes sich im Jahre 2001 in Zürich Hunderte von andächtigen Zuhörern über Wochen hinweg versammelten, um sich einen so langen und schwierigen Text wie das Totalitarismus-Buch anzuhören, der stundenweise von bekannten Schauspielern, Politikern und Intellektuellen vorgetragen wurde. Das alles ist ziemlich erstaunlich und belegt die Behauptung, die ich in einem Text des Hannah-Arendt-Diskurses fand, sie sei eine *Ikone*, d. h. eine Symbolfigur unserer Zeit geworden, zu der man aufblickt.

Hannah Arendt wäre vermutlich mißtrauisch gewesen gegenüber dieser Vermarktung ihres Namens, und sie hätte sich auch kaum vorstellen können, daß ihr extravagantes Denken, wie sie es einmal nannte, so viel Aufmerksamkeit und Interesse finden würde. Es ist ein unabhängiges Denken, ein Denken zwischen den Stühlen, d. h. zwischen den herrschenden geistigen Schulen und Strömungen ihrer Zeit. Ihr Werk sichert ihr bereits einen festen Platz unter den akkreditierten politischen Denkern des 20. Jahrhunderts, von denen es nur eine Handvoll gibt. Bemerkenswert an diesem Werk ist vor allem, daß es trotz seiner offenkundigen Zeitgebundenheit und seiner Beschäftigung mit den politischen Grundfragen einer bereits zurückliegenden Epoche seine Wirkung bis hinein in das 21. Jahrhundert entfaltet, ja erst nach ihrem Tod eine weltweite und tiefergehende Wirkung zu gewinnen scheint.

Hannah Arendts Weg zu Anerkennung und Erfolg war keineswegs ohne Hindernisse und Beschwernisse, sondern, wie es in der offenen Diskussion in einer freien Gesellschaft die Regel ist, gesäumt von Kritik und polemischen Auseinandersetzungen, durch die sie sich jedoch nicht beirren ließ. Heute gibt es einen beachtlichen Kreis von Forschern in mehreren westlichen Ländern, deren Hauptbeschäftigung den Werken der Hannah Arendt gewidmet ist. Es gilt als interessant, wenn nicht gar als schick, über Hannah Arendt zu arbeiten, und zweifellos hat das anhaltende Interesse an ihrem Werk auch mit ihrer starken Persönlichkeit und mit ihrer Sonderstellung in der geistigen Welt zu tun. Die bekannte ungarische Philosophin Agnes Heller hat diese Sonderstellung Arendts im politisch-philosophischen Diskurs so umschrieben:

»Das Faszinierendste für mich war immer Hannah Arendts Marginalität (= am Rande stehen, K. S.). Sie ist nie eine offizielle akademische Philosophin gewesen. Philosophie ... war für sie Leben, war Verantwortung und Sinn. Die Sache der Philosophie war die Sache des Lebens und des Todes. Und diese Haltung, die immer eine marginale Haltung ist, ist deshalb so wichtig, weil ... das Neue immer von den Grenzen kommt und nicht vom Mittelpunkt. Der Mittelpunkt ist versteinert, ist nicht mehr dynamisch. Das Denken, das aus der Peripherie kommt, ist dynamisch.«

In ihrer Dankesrede beim Empfang des Hannah-Arendt-Preises für politisches Denken machte Agnes Heller auf einige Züge im Denken und Leben dieser Frau aufmerksam, die ihren erstaunlichen Erfolg bis in unsere Gegenwart hinein zu erklären vermögen: »Hannah Arendt ist auch einer meiner Freunde im Denken. Weil sie der Versuchung widerstanden hat, ein System zu schaffen, weil sie alle ›Ismen‹ verabscheute, weil sie die Marginalität akzeptierte, ohne sich damit selbst weh zu tun oder zu verbittern. Weil sie in den Begriffen von Vergänglichkeit und Endlichkeit dachte. Weil sie unserem Zeitalter und unserem Wissen keine privilegierte Position in der sogenannten Geschichte zuordnete; weil sie ihrer Fehlbarkeit bewußt war; weil sie leidenschaftlich war, aber nie zornig; … weil ihre Philosophie freundlich und einladend ist. … Weil sie keine Angst hatte, Fehler zu machen; weil sie – zu Recht oder zu Unrecht – übertrieb; weil sie unsere Zeiten als finster erkannte, aber sich nie im Grand Hotel Abgrund einrichtete. … Wegen ihrer Liebe zur Gebürtlichkeit, der Freude daran, in diese Welt einzutauchen und wieder von vorne anzufangen.«[1]

Der große Historiker der Französischen Revolution, François Furet, fand für die Leistung Hannah Arendts als Denkerin ebenfalls rühmende Worte. Sie sei eine der ersten gewesen, die versucht habe, »Licht in das Dunkel der europäischen Geschichte zu bringen. Hannah Arendt ist die erste Denkerin, die in diesem Jahrhundert angefangen hat, die Geschichte, die Ereignisse in der Geschichte Europas als Bewußtsein der europäischen Geschichte zu formulieren. Sie ist eine der ersten, die das denken konnten, was neu war, was sie beobachtet, was sie erlebt hatten, und sie ist eine der ersten, die in der Lage waren, es zu verstehen und zu analysieren. … Ihre große Gestalt, ihr Denken, ihr Wesen ist etwas, das überall gegenwärtig ist – von Chicago über Paris bis herüber in dieses Land (Deutschland) bleibt sie eine der entscheidenden Denkerinnen.«[2]

Man kann solche bewundernden Urteile in Fülle zusammentragen, wenn man es darauf anlegt, und gewiß könnte man in der vielfältigen Literatur über Hannah Arendt auch fündig werden, suchte man nach Stellen, die dieses Lob relativieren oder stark in Zweifel ziehen. Hannah Arendts Mut, für sich zu denken, trug Früchte, weil es ihr als Einzelgängerin gelang, sich mit ihren Ideen in der geistigen Welt ihrer Zeit bemerkbar zu machen. So wie sie selbst ihr Denken zeitlich in den Zwischenraum »zwischen Vergangenheit und Zukunft« stellte, so füllte es örtlich eine Lücke aus, die sich zwischen den großen Denkströmungen progressiver und konservativer Art aufgetan hatte. Der neueste, treffsichere Interpret ihres Werkes, J.-C. Poizat, hat sie als *penseur dans la brèche*, als Denkerin in der Lücke, bezeichnet. Sie wurde als politische Theoretikerin besonders beachtet, seit 1989 mit dem Zusammenbruch des Sowjetimperiums der Kalte Krieg zu Ende ging, der ein Krieg der Ideologien war. Hannah Arendt wurde nun in den osteuropäischen Ländern für Intellektuelle und Politiker wie Václav Havel wichtig, die sich dank ihrer friedlichen und sanften Revolution aus dem eisernen Band des sowjetischen Totalitarismus befreien konnten. Politik als Freiheit zu begreifen war das Ideal, das Hannah Arendt für sie zum Leuchten gebracht hatte, eine posthume Krönung ihres Lebenswerks.

* * *

Dieses Buch hat sich zum Ziel gesetzt, den Leser mit der außerordentlichen Persönlichkeit der Hannah Arendt und dem Weg ihres Denkens vertraut zu machen. Das ist schon in zahlreichen früheren Veröffentlichungen versucht worden, doch der zeitliche Abstand erlaubt es heute, die Konturen eines Gesamtbilds dieser Denkerin zu entwerfen, das ihrer großen Wirkung bis in unsere Gegenwart Rechnung trägt. Freilich bringt es die Verwandlung zur Ikone einer großen Frau und Denkerin auch mit sich, daß man oft nicht mehr recht weiß, warum die Arendt auf diesem ehrwürdigen Podest steht, einem Einstein vergleichbar, der groß bleibt, auch wenn man seinen komplizierten Denkwegen nicht folgen kann.

Deshalb kam es mir darauf an, Hannah Arendt wieder etwas bodenständiger erscheinen zu lassen, d. h. sie unmittelbar aus ihrem Leben und der Entfaltung ihres Denkens heraus zu verstehen und zu zeigen, worauf ihre Wirkung beruht. Ich will mich auf das Wesentliche konzentrieren und dieses so verständlich wie möglich darbieten, zumal manche Interpreten der Hannah Arendt sich dazu haben verleiten lassen, komplizierter sein zu wollen als sie selbst. Deshalb kam eine Auseinandersetzung mit der höchst unterschiedlichen wissenschaftlichen Literatur über Hannah Arendt nicht in Betracht, noch konnte ich mit Neuigkeiten über sie als Person aufwarten. So ist dieses Buch eine Würdigung der Arendt sozusagen im Kompaktformat und hoffentlich gerade darum geeignet, einem breiten, interessierten Publikum nahezubringen, was wir von ihrem Denken und von ihr als Vorbild lernen können.

Ebendies war auch der Wunsch des Piper Verlags an sei-

13

Hegel, Rechtsphilosophie:

Denken – Handeln. [...]
Denken fängt beim Gegenstand an, [...]
[...]
[...]
[...]

Heidegger, [...]:

[...]

Faksimile aus Denktagebuch 1

nen Autor. Bei Piper sind fast alle wichtigen Arendt-Texte erschienen – zuletzt noch 2002 in zwei Bänden ihr *Denktagebuch* – und greifbar. Dem bedeutenden Verleger Klaus Piper war es unter großem Einsatz gelungen, die Arendt für seinen Verlag zu gewinnen. Bisher fehlte im Arendt-Programm des Verlages jedoch ein orientierendes Begleitbuch, das in die Lebens- und Geisteswelt dieser großen Denkerin hineinführt und dazu anregt, sich ihrem vielseitigen Werk zu nähern. Der hier vorliegende Text will diese Lücke füllen.

Bei der Arbeit an diesem Buch wurde mir klar, daß es bei der Beschäftigung mit Hannah Arendt weniger darauf ankommt, sich mit allen Aspekten und Einzelheiten ihrer Theorie auseinanderzusetzen, wie dies in der Forschung zu Recht geschieht, als auf ihren *sense of human priorities,* wie Sir Bernard Crick es genannt hat, zu achten, d. h., dem Menschlichen den Vorrang zu geben. Ihr Ziel war es, durch Denken daran mitzuwirken, die Menschen zu befähigen, die Gestaltung ihrer Welt in die eigene Hand zu nehmen. Das Beste an ihrem Werk und an ihrer Person sind die Leidenschaft und die Ernsthaftigkeit, mit der sie die für die Menschen wichtigen Fragen stellt. Am meisten lernt man freilich von ihr, wenn man sich ihrem so vielschichtigen Werk zuwendet. Auch dazu will dieser Bericht anregen.

* * *

Ich danke Herrn Dr. Klaus Stadler vom Piper Verlag für seine Anregung zu diesem Buch. Frau Ursula Ludz, der die Arendt-Forschung einige editorische und bibliographische Glanzleistungen verdankt, bin ich dankbar für Ermunterung und guten Rat. Frau Renate Dörner war mir als Lektorin eine gute Hilfe.

Murnau, im März 2005   Kurt Sontheimer

TEIL EINS

Ein außerordentliches Leben

Hannah Arendt, 1933

Kindheit und Jugend
1906–1924

Hannah Arendt ist am 14. Oktober 1906 in Hannover geboren, aber dann in Königsberg, der Hauptstadt Ostpreu-
ßens, aufgewachsen. Sie war das einzige Kind des Inge-
nieurs Paul Arendt und seiner Ehefrau Martha, geborene
Cohn, die aus relativ wohlhabenden jüdischen Familien
Königsbergs stammten und deren Vorfahren aus Rußland
ins Deutsche Reich ausgewichen waren. Paul Arendt, der
Vater, hatte sich in Königsberg zum Ingenieur ausbilden
lassen. Martha, die Mutter, war nach ihrer Ausbildung in
der Höheren Schule für drei Jahre nach Paris gegangen, um
Französisch und Musik zu studieren. Beide gehörten sie
zur gleichen sozialen Schicht, dem gehobenen Bürgertum,
an das sich diese deutschen Juden assimiliert hatten und
in dem die jüdische religiöse Tradition nur mehr eine ne-
bensächliche Rolle spielte. Die Arendts waren somit typisch für jene deutschen Bürger jüdischen Glaubens, die
wähnten, dank ihres wirtschaftlichen Erfolgs und ihrer
sozialen Stellung ein integrierender Bestandteil des deutschen Bürgertums sein zu können. Im Falle der Arendts

kam noch hinzu, daß sie aufgeschlossen waren für die Ideen des Fortschritts und der Aufklärung und Sympathien für sozialdemokratische Ideen und Politik hegten, in der bekanntlich Männer und Frauen jüdischer Abstammung wie Eduard Bernstein und Rosa Luxemburg eine führende Rolle spielten.

In dieses soziale und geistige Milieu wurde Hannah Arendt hineingeboren. Allerdings wurde die Familie sehr früh von einem schweren Schicksalsschlag, dem frühen Tod des Vaters, heimgesucht, wonach Hannah, das einzige Kind, von ihrem siebten Lebensjahr an ohne den Vater auskommen mußte und fortan mit ihrer Mutter zusammenlebte. Martha Arendt hat mit einigen längeren Unterbrechungen das Leben ihrer Tochter bis zu ihrem eigenen Tod im Jahre 1948 persönlich begleitet. Es ist schwer auszumachen, wie weit der Umstand, daß sie ihre Jugend mit einer alleinerziehenden Mutter zubrachte, sich auf Hannah Arendts Leben ausgewirkt hat. Festzuhalten bleibt, daß sie ihrer Mutter in den schwierigen und gefahrvollen Jahren der Vertreibung aus Nazi-Deutschland und des Aufbaus eines neuen Lebens in den Vereinigten Staaten die Treue gehalten hat, obwohl die Mutter mit der geistigen Entwicklung ihrer Tochter nicht recht Schritt zu halten vermochte.

Hannah war in Hannover zur Welt gekommen, weil der Vater dort eine Stelle als Ingenieur angenommen hatte. Das Unglück wollte es jedoch, daß Paul Arendt, der sich als junger Mann mit Syphilis angesteckt hatte, sich dem tödlichen Zugriff dieser Krankheit nicht entziehen konnte. Die Familie mußte beim Wiederausbruch dieser besonders

Hannah Arendt mit ihrer Mutter, etwa 1914

gefährlichen Geschlechtskrankheit, die man damals noch nicht wirksam zu bekämpfen wußte, Hannover als Wohnsitz aufgeben und in das heimische Königsberg zurückkehren. Der Vater starb 1913 nach einem langen und schweren Leiden im Alter von nur vierzig Jahren. Die Mutter Martha, die von Geburt an die Entwicklung ihres Kindes genauestens beobachtet und penibel genaue Aufzeichnungen darüber gemacht hatte, glaubte nun zu beobachten, daß Hannah verschlossener wurde und sich mehr abkapselte. Sie nutzte ihre Schulzeit und ihre freien Stunden, um nach und nach in die geistige Welt einzudringen, in der sie heimisch wurde und die sie nach besten Kräften zu erweitern trachtete. Dabei kam ihr die umfangreiche Bibliothek ihres Vaters zugute; es war selbstverständlich, daß sie in ihrer Schulklasse zu den Besten und Aufmerksamsten gehörte. So lesen wir erstaunt in Berichten über ihre Jugend, daß sie bereits mit vierzehn Jahren Kants *Kritik der reinen Vernunft* gelesen haben soll, daneben Kierkegaard und den frühen Karl Jaspers. Hier kündigte sich bereits an, daß nur die Königsdisziplin der Wissenschaften, die Philosophie, ihre geistigen Interessen befriedigen konnte.

Bis es zum Studium der Philosophie kam, mußte jedoch die Schule absolviert werden. Das war für Hannah hinsichtlich der Anforderungen für das abzulegende Abitur überhaupt kein Problem, wohl aber für das Betragen, das von ihr in einem preußischen Gymnasium erwartet wurde. Hannah war mit fünfzehn, sechzehn Jahren zu einer eher rebellischen Schülerin geworden, die sich mit der damals üblichen strengen Disziplin nicht immer abfinden mochte. Als sie sich von einem jungen Lehrer beleidigt fühlt, stachelt sie ihre Mitschülerinnen auf, seinem Unterricht einfach fernzubleiben. Das kann die Schulleitung nicht hinnehmen, und so kommt es, daß Hannah Arendt des Mädchen-Gymnasiums verwiesen wird, obwohl sie eine seiner besten Schülerinnen ist. Auch ihre Mutter kann dagegen nichts mehr ausrichten. Die beiden beschließen, daß Hannah nach Berlin an die Universität gehen wird, wo sie im Status einer Gasthörerin nun erstmals Gelegenheit findet, sich frei im Haus des Geistes zu bewegen und einzurichten. Sie nimmt Kurse in Latein und Griechisch und besucht philosophische und theologische Vorlesungen, wobei ihr der junge katholische Theologe und Philosoph Romano Guardini besonderen Eindruck macht. In Berlin kann sie, in einer bescheidenen Dachkammer wohnend, schon im Alter von siebzehn Jahren ihrer intellektuellen Neugier und ihren geistigen Interessen freie Bahn lassen. Unterdessen hatte sich ihre Mutter mit Erfolg bemüht, der Tochter als externem Prüfling an ihrem Gymnasium den Schulabschluß zu ermöglichen. Sie besteht das Abitur mit Glanz und ist ihren einstigen Klassenkameradinnen sogar um ein Jahr voraus. Damit ist der Weg frei für einen neuen Lebensabschnitt, für das Studium an einer Universität. Es ist ihr völlig klar, daß ihr Hauptfach die Philosophie sein wird, mit Griechisch und evangelischer Theologie als Nebenfächern. Von jetzt an kann die Achtzehnjährige ein wirklich freies und selbständiges Leben führen.

Die enge Bindung an die Mutter hatte sich etwas gelockert, auch weil Martha Arendt sich 1920 entschloß, Martin Beerwald, den Besitzer eines Eisenwarenhandels in Königsberg, zu heiraten. Für Hannahs weiteres, nun selbständiges Leben sind zwei Erfahrungen und Einsichten wichtig geworden, die sie ihrer Mutter zu verdanken hat. Das eine ist die Selbstverständlichkeit, mit der Martha Arendt trotz ihrer starken Assimilation an die Welt des deutschen Bürgertums sich als Jüdin weiß und versteht. Sie hat diese Selbstverständlichkeit an ihre Tochter weitergegeben, die, zumal in jener Zeit eines um sich greifenden Antisemitismus, nie in der Versuchung war, zu verbergen oder zu verleugnen, daß sie eine deutsche Jüdin war. Dies war der Ausgangspunkt für Hannah Arendts intensive existentielle und wissenschaftliche Auseinandersetzung mit dem deutschen Judentum, seiner Geschichte und seiner Katastrophe.

Der zweite, vielleicht noch wichtigere Impuls, den Mutter Arendt an ihre Tochter Hannah weitergab, war die Überzeugung, daß man sich als Jude zur Wehr setzen muß, wenn man mit dem Antisemitismus zu tun bekommt. Ihre Mutter, so sagte Hannah Arendt in dem berühmten Interview mit Günter Gaus, habe immer auf dem Standpunkt gestanden: »Man darf sich nicht ducken! Man muß sich wehren!«[3] Sie hat im Rückblick auf diese Haltung diese als Verhaltensmaßregeln ihrer Mutter verstanden, die ihr halfen, ihre Würde zu bewahren und sich zu schützen. Dieses Vermächtnis ihrer Mutter ist für Hannah Arendt zeitlebens verbindlich gewesen. Sie hat sich, geistig wie politisch, zur Wehr gesetzt, wenn es ihr sinnvoll und notwendig erschien, sie hat sich nie geduckt.

Von der Philosophie
zum politischen Bewußtsein
1924–1933

Hannah Arendt hatte durch ihren Berliner Aufenthalt vor
ihrem Abitur bereits erste Erfahrungen über das Studium
an einer Universität gesammelt. Von ihren Neigungen her
war ihr klar, daß sie Philosophie studieren würde, außerdem klassische Philologie, weil sie mit den alten Sprachen
schon bestens vertraut war. Daß sie sich für Marburg an
der Lahn als ersten Studienort entschied, verdankte sie
ihrem guten, etwas älteren Königsberger Freund Ernst
Grumach, der bereits in Marburg immatrikuliert war. Er
hatte ihr von einem jungen Philosophieprofessor namens
Martin Heidegger vorgeschwärmt, den sie unbedingt hören müsse, denn er vertrete eine ganz neue Art des philosophischen Denkens. So entschied sich Hannah Arendt
für die hübsche und gemächliche traditionelle Universitätsstadt Marburg als ersten Studienort. Die Begegnung
mit dem Philosophen Heidegger wurde dann tatsächlich
bestimmend für ihren damaligen Lebensabschnitt, ja für
ihr ganzes Leben und natürlich auch für ihr Denken.
Die Nebenfächer Griechisch und evangelische Theologie

wählte sie jedoch nicht, um sich mit dem Protestantismus vertraut zu machen, sondern vor allem deshalb, weil an der Marburger Fakultät der Theologe Rudolf Bultmann lehrte, der einer der bedeutendsten evangelischen Theologen des 20. Jahrhunderts wurde. Außerdem zeigte Bultmann eine große Aufgeschlossenheit für die Philosophie Martin Heideggers. Eine anregendere, ja für sie spannendere geistige Atmosphäre hätte Hannah Arendt wohl kaum finden können. Dazu kam, daß die Zahl der Studenten gerade in ihren Fächern überschaubar war, so daß man leicht Anschluß finden konnte. Unter ihren Kommilitonen, zu denen der ebenfalls jüdische Philosoph Hans Jonas und ihr erster Mann, Günther Stern, gehörten, galt die Studentin als eine bemerkenswerte, vielfach bewunderte Erscheinung: Sie war auf aparte Weise schön, kleidete sich geschmackvoll, wirkte selbstsicher und selbstbewußt und bestach durch die Ernsthaftigkeit und Zielstrebigkeit, mit der sie ihr Studium betrieb. Hans Jonas hat später berichtet, daß in dieser Marburger Zeit »etwas Magisches« von der jungen Frau ausgegangen sei. Ganz offenbar war schon der achtzehn- bis zwanzigjährigen Studentin Hannah Arendt anzusehen und anzumerken, daß sie eine außergewöhnliche Persönlichkeit zu werden versprach.

Die Marburger Studienzeit Hannah Arendts ist jedoch extrem kurz. Dies hat mit dem Mann zu tun, dessentwegen sie an diese Universität gegangen war, Martin Heidegger. Die Studentin verliebt sich in den sie begeisternden Philosophen, und dieser erwidert ihre Liebe, jedoch unter so schwierigen, vor jeder Entdeckung zu schützenden äußerlichen Bedingungen, daß sie es in Marburg nicht lange aus-

Martin Heidegger, um 1933

hält und 1925 für ein Semester nach Freiburg geht. Hier lehrt der große Philosoph Edmund Husserl, dem auch Heidegger vieles zu verdanken hat. Doch sie bleibt nicht lange in Freiburg, sondern zieht 1926 weiter nach Heidelberg zu dem ebenfalls vielbeachteten modernen Philosophen Karl Jaspers, der sie als seine Doktorandin annimmt.

Ein schwieriges Liebesverhältnis mit Martin Heidegger, eine vertrauensvolle Zusammenarbeit der Studentin mit ihrem Doktorvater Karl Jaspers, die in eine lebenslange, tiefe Freundschaft münden wird, und die von diesen beiden Großen der deutschen Philosophie des 20. Jahrhunderts angeleitete und betreute Entfaltung ihres eigenen

Hannah Arendt, um 1930

Denkens und philosophischen Bewußtseins – das ist die ungewöhnliche Mitgift der Hannah Arendt, die sie ihrer persönlichen Anziehungskraft und ihrer geistigen Reife verdankt, die ihr Leben und Denken geprägt und die sie eigenständig verarbeitet hat. Ihre Begegnung und innige Verbindung mit diesen beiden bedeutenden deutschen Philosophen, die politisch so verschiedene Wege gingen, hebt das Studium und die Entwicklung der jungen Philosophin weit über vergleichbare Lebensläufe hinaus.

In Heidelberg vollendet Hannah Arendt ihr Philosophiestudium unter den Fittichen des geistige Helligkeit

Karl Jaspers, 1930 in Heidelberg

und Klarheit verbreitenden Karl Jaspers. Sie hat mit ihrem Doktorvater ein Thema aus der antiken Philosophie bzw. Theologie vereinbart und legt nach knapp zwei Jahren ihre Dissertation über den *Liebesbegriff bei Augustin* vor. Diese wurde bald darauf in einer von Karl Jaspers betreuten philosophischen Schriftenreihe gedruckt, obwohl er sie nicht ganz überzeugend fand. Es war Hannah Arendts erstes Buch, ein erster wichtiger, jedoch noch nicht besonders origineller Schritt zu geistiger Selbständigkeit. Mit zweiundzwanzig Jahren war sie also schon Doktor der Philosophie und verkehrte in einem anregenden Freundeskreis mit Studenten. Einige von ihnen hatten eine große akademische Karriere vor sich, wie etwa der Germanist Benno von Wiese, mit dem sie kurzzeitig ein Liebesverhältnis einging, oder der Romanist Hugo Friedrich. Überhaupt war die Atmosphäre an der Heidelberger Universität weltläufiger und spannungsreicher als die in Marburg, wo sie ohnehin ganz auf Heidegger fixiert gewesen war. In die Heidelberger Zeit fällt auch ihre erste Begegnung mit dem Zionistenführer Kurt Blumenfeld, aus der eine lebenslange, intensive Freundschaft erwuchs, die für Arendts weiteres Leben und ihr Bewußtsein als Jüdin von großer Bedeutung werden sollte.

Nach ihrer Promotion in Heidelberg 1928 stand die junge Doktorin der Philosophie vor der Frage, was sie nun weiter tun sollte. Obwohl sie sich mit ihrem Denken ganz in der Philosophie und der Antike eingegraben hatte, konnte sie doch nicht umhin, die Probleme und bedrohlichen Veränderungen in ihrer politischen Umwelt wahrzunehmen. Es war ihr immer bewußt gewesen, daß sie Jüdin war, doch erst durch ihre Freundschaft mit Blumenfeld und dem jüdischen Kommilitonen Hans Jonas und dank ihrer eigenen Wahrnehmung des um sich greifenden Antisemitismus in der Weimarer Republik entwickelte und schärfte sich ihr politisches Bewußtsein. Sie war, wie sie selbst bekannte, politisch naiv gewesen, doch nun wurde sie in den Jahren des Scheiterns der ersten deutschen Republik vor Fragen gestellt, die mit ihrer Situation als Jüdin in Deutschland zu tun hatten. Angesichts der handgreiflichen antisemitischen Bedrohung durch die nationalsozialistische Massenbewegung konnte sie der »Judenfrage« nicht mehr ausweichen.

Die junge Gelehrte löst für sich dieses Problem, indem sie daran geht, das Leben einer deutschen Jüdin zu untersuchen, die hundert Jahre vor ihr einen für das jüdische Schicksal in Deutschland exemplarischen Kampf um Selbstbehauptung und Selbstbestimmung geführt hatte, Rahel Varnhagen, die 1771 bis 1833 in Preußen lebte. Arendt beantragt mit Unterstützung ihres Lehrers Karl Jaspers ein Stipendium bei der Notgemeinschaft der Deutschen Wissenschaft, der Vorläuferin der Deutschen Forschungsgemeinschaft, für eine Untersuchung mit dem Titel: »Über das Problem der deutsch-jüdischen Assimilation exemplifiziert an dem Leben der Rahel Varnhagen«. Zu diesem Thema war sie durch eine Freundin aus Königsberger Tagen, Anne Mendelssohn, die ihr ein Leben lang treu blieb, animiert worden. Diese hatte sich eine Edition der Schriften und Briefe der Rahel Varnhagen antiquarisch besorgt und überließ sie ihrer Freundin, die dank dieser Lektüre und angestoßen durch die Zeitumstände ihre bedeutende Studie über Rahel Varnhagen in Angriff nahm.

In den Monaten nach ihrer Promotion in Heidelberg verband sich Hannah Arendt aufs engste mit Günther Stern, der ebenfalls Philosophie studiert hatte (und der unter dem Namen Günther Anders ein vielbeachteter und -gelesener Autor der Nachkriegszeit werden sollte). Die beiden heirateten 1929 in Berlin. Stern hatte in Freiburg bei Husserl promoviert und nach seiner Promotion versucht, sich bei Paul Tillich in Frankfurt am Main mit einer musikphilosophischen Arbeit zu habilitieren. Dieses Vorhaben scheiterte, kein anderer als Theodor W. Adorno soll dabei seine Hand im Spiel gehabt haben.

Günther Stern und Hanna Arendt, um 1929

Günther Sterns Eltern sind angesehene Kinderpsychologen, und auch Hannah Arendts Mutter ist hochzufrie-
den über diese für ihre Tochter anscheinend so günstige
Partie. Beide arbeiten an ihren wissenschaftlichen Themen, leben zeitweilig in Frankfurt am Main, dann wieder
in Berlin, wo sie Zeugen der Machtergreifung Hitlers

werden. Nach der Machtübernahme, die für alle Opposi-
tionellen, insbesondere aber für jüdische Intellektuelle
eine Gefährdung von Leib und Leben heraufbeschwor,
trennte sich das Ehepaar Stern. Er ging nach Paris, während sie zunächst in Berlin blieb und auf Bitten ihres
Freundes Kurt Blumenfeld eine Dokumentation antise-
mitischer Propaganda in der zeitgenössischen Publizistik
vorbereitete, die auf dem zionistischen Weltkongreß 1933
in Prag vorgelegt werden sollte. Doch diese Arbeit konnte
sie nicht mehr abschließen, denn im Juni 1933 wurde sie
von der Gestapo verhaftet.

Die wenigen Tage in einem Berliner Polizeigefängnis sind
eine unmißverständliche Warnung an Mutter und Tochter,
daß sie nicht länger in Nazi-Deutschland bleiben dürfen,
wenn ihnen ihr Leben lieb ist. In diesem Fall hat Hannah
Arendt großes Glück. Es gelingt ihr, den zuständigen Kri-
minalbeamten, von dem sie später berichtete, daß er ein
»reizender Kerl« gewesen sei, von ihrer scheinbaren Harm-
losigkeit zu überzeugen. Nach dieser Erfahrung bereitet
Hannah die Flucht vor. In den Augusttagen 1933 gelangte
sie auf Fluchtwegen illegal über die tschechoslowakische
Grenze nach Prag und von dort aus mit Hilfe jüdischer
Organisationen über Genf schließlich nach Paris; hier
wird sie die ersten Lebensjahre außerhalb Deutschlands
verbringen. Ab 1937 ist Hannah Arendt, von der NS-Re-
gierung ausgebürgert, staatenlos.

In den Jahren zwischen 1929 und 1933, in denen sie sich
mit ihrer Rahel-Varnhagen-Biographie beschäftigt, entwickelt sich Hannah Arendt zu einer politisch bewußten
Persönlichkeit; aus der Nur-Philosophin wird eine politi-

sche Denkerin und Praktikerin. Dazu hatte vor allem ihre Freundschaft mit Kurt Blumenfeld beigetragen, dem sie später einmal in einem Brief schrieb, daß er es gewesen sei, dem sie ein politisches Wachwerden und ein eigenes politisches Bewußtsein verdanke. »Bei Dir ist mir Politisches … unentreißbar lebendig geworden.«

Dieser politische Bildungsprozeß der jungen Frau vollzog sich vor allem in Auseinandersetzung mit dem Zionismus, der mit dem politischen Ziel der Schaffung eines eigenen jüdischen Staates eine definitive Antwort auf den um sich greifenden Antisemitismus suchte. Arendt befaßte sich ohnehin am historischen Beispiel der Rahel Varnhagen mit der Frage, ob die von so vielen Juden versuchte Assimilation an die Welt des deutschen Bürgertums nicht zum Scheitern verurteilt sei. Selbst nach der Machtergreifung der Nationalsozialisten hegten manche deutsche Juden in ihrer Umgebung noch die Illusion, daß der radikale Antisemitismus Hitlers nicht wirklich ernstgemeint sei. Hannah Arendt, die damals noch nicht ahnen konnte, was die Nazis tatsächlich den Juden antun würden, gab sich niemals solchen trügerischen Hoffnungen hin. In den späten Jahren der Weimarer Republik, in denen der Antisemitismus auch in der akademischen Welt zahlreiche Anhänger hatte, war sie zu einer bewußten Jüdin geworden. Sie, die in ihrer Jugend von ihrem Judesein nie Aufhebens gemacht hatte, begann nun jene Maxime ernstzunehmen, die sie von ihrer Mutter gelernt hatte – daß man sich als Jude wehren muß, wenn man als Jude angegriffen wird. Diese Erfahrung des zunehmenden Antisemitismus, und zwar gerade auch unter den Intellektuellen, trug entscheidend dazu bei, daß Arendt nach Hitlers Machtergreifung mit der akademischen Welt, in der sie sich während ihres Studiums und auch danach vorwiegend und gerne bewegt hatte, nichts mehr zu tun haben wollte. Was sie zutiefst verstörte, war die Tatsache, daß nicht wenige ihrer akademischen Wegweiser und Weggefährten (nicht zuletzt Martin Heidegger selbst) begeistert den politischen Umbruch und die neue nationalsozialistische Herrschaft als Aufbruch in eine bessere nationale Zukunft begrüßten. In einem späteren Rückblick auf diese Zeit sagt sie, sie habe das Verhalten vieler deutscher Akademiker gegenüber dem Nationalsozialismus als schlimm, ja ungeheuerlich empfunden. In Abwandlung des Statements von Karl Kraus, der die berühmte Wendung geprägt hat, ihm falle zu Hitler nichts ein, sagte sie in einem späteren Rückblick auf diese Zeit und Situation: »Das Schlimme war doch, daß die dann wirklich daran glaubten! … Zu Hitler fiel ihnen was ein. Und zum Teil ungeheuer interessante Dinge! Ganz phantastisch interessante und komplizierte! Und hoch über dem gewöhnlichen Niveau schwebende Dinge! Das habe ich als grotesk empfunden.«[4]

Was Hannah Arendt beim Untergang der Weimarer Republik und beim Triumph der Nationalsozialisten in Deutschland erlebt und beobachtet, führt bei ihr zu dem Entschluß: »Ich will mit dieser Gesellschaft nichts zu tun haben.« Hier sind all jene gemeint, die, wie ihr einstiger Geliebter, Martin Heidegger, die Hoffnung hegten, es könnte »zu einer völligen Umwälzung unseres deutschen Daseins« kommen. Immer wieder wird in den bisherigen Darstellungen des Lebens der Hannah Arendt der von ihr

37

später formulierte Satz zitiert: »Nie wieder! Ich rühre nie wieder irgendeine intellektuelle Geschichte an.« Mit dieser eigenartigen Formulierung wollte sie zum Ausdruck bringen, daß sie die bis dahin von deutschen Intellektuellen praktizierte abgehobene und weltferne akademische Beschäftigung mit Philosophie und deutschem Geist nicht würde fortsetzen wollen.

So führte im Falle der Hannah Arendt die politische Bewußtseinsbildung einerseits zu einem Abschied aus der philosophisch-akademischen Welt, in der sie sich eine Zeitlang so wohl gefühlt hatte, andererseits zu ihrer Bereitschaft, nun selbst praktisch politisch tätig zu werden, d. h. selbst politisch zu handeln. Sie hat diesen Übergang wie folgt beschrieben: »Jetzt will ich mich in der Tat organisieren. Zum ersten Mal. Und organisieren natürlich bei den Zionisten. Das waren ja die einzigen, die bereit waren … Aber jetzt war die Zugehörigkeit zum Judentum mein eigenes Problem geworden. Und mein eigenes Problem war politisch. Rein politisch! Ich wollte in die praktische Arbeit und – ich wollte ausschließlich und nur in die jüdische Arbeit. Und in diesem Sinne habe ich mich dann in Frankreich orientiert.«[5]

Flucht nach Frankreich und ins rettende Amerika

1933–1941

Als Hannah Arendt im Alter von siebenundzwanzig Jahren als Flüchtling nach Paris kam, mußte sie ihr Leben ganz neu organisieren und danach trachten, wie sie mit ihrem neuen Bewußtsein politisch praktisch werden könnte. In Paris findet sie einige ihrer Freunde aus Deutschland wieder, Anne Mendelssohn und Hans Jonas, auch ihren Mann Günther Stern. Geld hat sie fast keines. Doch sie lernt Paris kennen und lieben. Sie sagt von dieser unvergleichlichen Stadt in einem späteren Bekenntnis: »In Paris fühlt sich der Fremde heimisch, weil man diese Stadt bewohnen kann wie sonst nur die eigenen vier Wände.«[6] Doch die Lebensumstände in der französischen Hauptstadt sind schwierig. Die deutschen Flüchtlinge sind nicht willkommen. Es gibt kaum Arbeitsmöglichkeiten, und man muß mit billigen Unterkünften, vor allem in kleineren Hotels, zurechtkommen. Hannah Arendt lebt zunächst mit ihrem Mann Günther Stern zusammen. Doch die Ehe hat schon stark Schaden genommen; sie löst sich vollends auf, als Günther Stern Anfang 1936 in die USA übersiedelt.

Hannah Arendt in Paris

Dank ihrer Entschlossenheit, für die jüdische Sache aktiv zu werden, gelingt es Hannah Arendt in ihrem Pariser Exil bald, ihren Lebensunterhalt durch ihre Mitwirkung in zionistischen Organisationen zu sichern. Zunächst arbeitet sie bei einer Organisation, die sich »Agriculture et Artisanat« (Landwirtschaft und Handwerk) nennt und die jüdische Flüchtlinge aus allen Teilen Europas darauf vorbereitet, nach Palästina zu gehen, um dort praktische Berufe auszuüben. In diesem Zusammenhang wechselt sie 1935 zu der zionistischen Organisation Jugend-Alijah (Jugendeinwanderung), wo sie als Generalsekretärin der französischen Sektion junge Menschen im Alter von dreizehn bis siebzehn Jahren betreut, um deren Auswanderung nach Palästina vorzubereiten. Das war eine vielseitige, anstrengende Sozial- und Erziehungsarbeit: »Man mußte sie von Kopf bis Fuß anziehen. Man mußte für sie kochen. Man mußte vor allen Dingen für sie Papiere beschaffen, man mußte mit den Eltern verhandeln – und man mußte vor allen Dingen auch Geld besorgen.«[7]

Im Jahre 1935 nimmt Hannah Arendt die Gelegenheit wahr, einen Transport von Jugendlichen nach Palästina zu begleiten. So kommt sie zum ersten Mal in das Land, das die Juden sich als Heimstätte für ihren erstrebten eigenen Staat erkoren haben. Sie lernt dabei auch einen Kibbuz kennen, jene vielgerühmte jüdische Form der sozialistischen Gemeinschaft, die sie allerdings mit Skepsis beurteilt. Eine Zeitlang arbeitet Hannah Arendt in Paris auch für eine Baronin von Rothschild, der sie bei der Verwaltung und Verteilung ihrer Subventionen für jüdische Kinderheime zur Hand geht. Es liegt nahe, daß sie in Paris vor allem Kontakt zu den gleichfalls vor den Nazis geflohenen Deutschen sucht. Sie trifft sich häufig mit dem Schriftsteller Walter Benjamin, dem Rechtsanwalt Erich Cohn-Bendit, dem Maler Karl Heidenreich und dem aus Polen stammenden Juden Chanan Klenbort, bei dem sie sogar Hebräisch lernt. Damit unterstreicht sie, daß sie nicht zu den Juden gehören will, die sich um fast jeden Preis an ihre Umwelt assimilieren wollen und die sie *Parvenus* nennt. Hannah Arendt will bewußt ein jüdischer *Paria* sein, der seine Rolle als geistig unabhängiger Außenseiter der bür-

gerlichen Gesellschaft akzeptiert. In diesem Kreis lernt sie
1936 Heinrich Blücher kennen, mit dem sich eine immer
enger werdende Bindung anbahnt und den sie 1940, nach
der Scheidung von Günther Stern, heiraten wird. Heinrich
Blücher, ein warmherziger, humorvoller Berliner aus einfachen Verhältnissen und begabter Autodidakt, hat eine
aufregende kommunistisch-anarchistische Vergangenheit.
Er wird zu Arendts wichtigstem Gesprächspartner, der
besonders auch auf ihr politisches Denken großen Einfluß
hat. Es ist dieser Freundeskreis in Paris, der ihre in Berlin
begonnene politische Erziehung gewissermaßen vollendet;
denn dort werden, zumal angesichts der dramatischen Veränderungen in der politischen Situation Europas durch den
Aufstieg des Nationalsozialismus, alle Diskussionen fast
unweigerlich zu politischen Debatten. Hannah Arendts
intellektuelle Aufgeschlossenheit, die sich in dem Verlangen ausdrückte: »Ich will verstehen!«, erhielt in den Pariser Jahren, unterstützt durch ihre Weggefährten und
Freunde im Exil, eine entschiedene Wendung ins Politische. Der französische Intellektuelle Olivier Mongin, Chefredakteur der wichtigen Zeitschrift *Esprit*, hat in einer
Würdigung der Pariser Jahre Hannah Arendts mit guten
Argumenten darauf hingewiesen, daß sie keineswegs nur
ein Zwischenspiel im Entstehungsprozeß ihres Werkes
darstellten; vielmehr hätten die Erfahrungen dieser Jahre
ganz wesentlich zu ihrer politischen Bildung beigetragen, und dies in einem existentiellen Sinne, der über einen
rein intellektuellen Dialog hinausging.[8] Arendt hat freilich, außer dem Besuch einiger philosophischer Seminare
an der Sorbonne, am geistigen Leben Frankreichs in jenen

Jahren nicht intensiv teilgenommen. Ihr war die pazifistische Tendenz der französischen Politik und vieler Intellektueller gegenüber Nazi-Deutschland suspekt. Und sie hatte ja auch in der Tat wenig Anlaß, Vertrauen in eine französische Republik zu haben, in der Juden wie sie und andere NS-Flüchtlinge unter höchst schwierigen, durch kein Recht geschützten Bedingungen ihr Leben als Staatenlose fristen mußten.

Dies muß Hannah Arendt erst recht an sich erfahren, als mit dem 1. September 1939 der Zweite Weltkrieg ausbricht. Nun sind die deutschen Emigranten in Frankreich plötzlich unerwünschte Ausländer, die, wie zunächst ihr Mann Heinrich Blücher, in Sammellager gesteckt und dort gefangengehalten werden, bis nach dem Überfall der Deutschen auf Belgien und Frankreich im Mai 1940 das gleiche Schicksal auch Hannah Arendt ereilt. Sie muß zusammen mit Hunderten anderer Frauen zwei harte Wochen im Pariser Sportpalast verbringen, der zu einem Sammelgefängnis für unerwünschte Ausländer umfunktioniert worden ist. Dann wird sie nach Süden in das Lager Gurs verfrachtet. Es liegt in den Pyrenäen, nur dreißig Kilometer von der spanischen Grenze entfernt, besteht aus Hunderten von Baracken, in denen zeitweilig bis zu 20 000 Menschen, vor allem Frauen, interniert sind. Während Arendt nun auch das Lagerleben mit seinen nur schwer erträglichen Lebensbedingungen kennenlernt, vollzieht sich auf der Bühne des Kriegsgeschehens mit dem Blitzsieg der deutschen Truppen über die Franzosen eine tiefgreifende Demütigung des Frankreichs der Dritten Republik. Das Land ist nach der

Kapitulation in einem völligen Durcheinander. Doch die deutschen Truppen besetzen zunächst nur die nördliche Hälfte Frankreichs, während eine Kollaborationsregierung unter dem Marschall Pétain in Vichy für das nichtbesetzte Frankreich entsteht, die sich nun auch noch anschickt, die Nazis auch bei ihrer Vernichtungspolitik gegenüber den Juden zu unterstützen. Die Vichy-Regierung hatte sich verpflichtet, alle deutschen Flüchtlinge und auch die französischen Juden an die Nazis auszuliefern.

Hannah Arendt nutzt zusammen mit einigen anderen Frauen die Stunde der völligen Auflösung Frankreichs und des Durcheinanders nach dem Sieg der Deutschen, um aus dem Lager Gurs zu entkommen. Sie schlägt sich zu Fuß nach der Stadt Montauban durch, wo viele andere Flüchtlinge Zuflucht suchen. Dort findet sie zum Glück auch ihren Mann Heinrich wieder sowie ihre Mutter, die sie 1939 von Königsberg nach Paris geholt hatte und die von dort aus zu ihnen nach Montauban gelangt. Doch inzwischen wird die Situation aufgrund der Aktivitäten der Vichy-Regierung brenzlig für alle Juden. Sie sollen sich bei den örtlichen Stellen melden, um von neuem interniert und den Nazis ausgeliefert zu werden. Hannah, Heinrich und ihre Mutter machen sich deshalb auf nach Marseille, um dort ein Visum und einen Schiffsplatz für die Einwanderung in die Vereinigten Staaten zu bekommen. Dank der Kontakte Hannahs zu jüdischen Organisationen gelingt dies. Aber die Schiffe, mit denen man das rettende Amerika erreichen kann, fahren nicht mehr von Marseille, sondern von Lissabon in Portugal ab. Das heißt, man braucht ein weiteres Visum, um durch Spanien nach Portugal zu

44

gelangen. Doch das Glück steht ihnen auch auf ihrem Weg zum rettenden Schiff bei. Im April 1941 gehen Hannah und Heinrich Blücher an Bord eines Schiffes, das sie nach Amerika bringen wird. Martha kann ein paar Wochen später nachfolgen. Erst mit der Ankunft in New York sind die drei wirklich sicher. Aber nun heißt es, in einer neuen Umwelt und unter schwierigsten Bedingungen ein neues Leben aufzubauen.

Ein neuer Anfang

1941–1951

Als Hannah Arendt und ihr zweiter Mann, Heinrich Blücher, mit dem Schiff in New York ankommen, brauchen sie dringend Hilfe, um irgendwo unterzukommen und ihr neues Leben in Amerika zu gestalten. Auch hier helfen jüdische Organisationen. Sie müssen sich mit möblierten Zimmern in einem nicht gerade einladenden Mietshaus begnügen, in dem sich auch ein Zimmer für die etwas später nachkommende Mutter Hannahs finden läßt. Vor allem müssen sie aber dafür sorgen, daß sie ihren Lebensunterhalt auf die Dauer selbst bestreiten können. Hannah Arendt, die wohl weiß, wie wichtig es für diesen Neuanfang ist, daß man die Landessprache beherrscht, nutzt die von einer Flüchtlingsorganisation gebotene Möglichkeit, eine Zeitlang bei einer amerikanischen Familie zu wohnen, um die englische Sprache zu erlernen. Sie absolviert dieses linguistische Trainingslager bei einer reizenden Familie im Staate Massachusetts, die ihr reichlich Gelegenheit gibt, in ausgedehnten abendlichen Gesprächen mit dem Englischen besser vertraut zu werden. Wenige Jahre später kann

Hannah Arendt bereits in dieser ihr anfangs noch fremden Sprache Artikel schreiben und Vorlesungen und Vorträge halten. Ihren merklichen deutschen Akzent wird sie zwar nie verlieren, und auch ihr geschriebenes Englisch bedarf später noch gewisser Korrekturen, doch sie kann mit dieser Sprache bald ziemlich souverän umgehen, auch wenn ihre Diktion und ihr Stil ihre deutsche Herkunft erkennen lassen. Ihr Ehemann Heinrich ist anfangs nicht so lernwillig und hält es als Arbeiter in einer Fabrik nicht lange aus; später werden diesem politischen Intellektuellen bei Rundfunkanstalten angemessenere Möglichkeiten geboten, zum Lebensunterhalt der Familie beizutragen. Martha Arendt verdient sich ein Zubrot mit Heimarbeiten und versieht im übrigen den Haushalt. Doch die Familienatmosphäre leidet darunter, daß Hannahs Mutter sich mit ihrem Schwiegersohn nicht recht anfreunden kann, der in ihren Augen das Gegenbild einer gediegenen bürgerlichen Existenz abgibt. Auch hat sie sich an die beengten, nervenaufreibenden Lebensverhältnisse in New York nie recht gewöhnen können. So nutzt Martha Arendt im Juli 1948 die Möglichkeit, zu ihrer Stieftochter nach London zu ziehen. Sie erreicht ihr Ziel jedoch nicht mehr, sondern fällt auf dem Schiff, das sie nach Europa bringen sollte, einem tödlichen Asthmaanfall zum Opfer.

Zu diesem Zeitpunkt ist Hannah Arendt längst eine in den New Yorker Intellektuellenkreisen beachtete und geachtete politische Publizistin und gerade dabei, mit der Arbeit an ihrem ersten großen Werk, dem Buch über die Ursprünge des Totalitarismus, zu beginnen. Sie verkehrt zunächst vornehmlich in jüdischen Kreisen, unter denen auch viele deutsche Emigranten sind, und erhält schon wenige Monate nach ihrer Ankunft in New York die Chance, für die deutschsprachige jüdische New Yorker Zeitung *Aufbau* als Kolumnistin zu arbeiten. Unter der Überschrift »This means you« schreibt sie im regelmäßigen Abstand von zwei Wochen ihre Meinung zu den wichtigen politischen Fragen der jüdischen Politik.[9] Im Mittelpunkt ihrer publizistischen Bemühungen während des Krieges steht die Frage, ob die Juden mit der Aufstellung einer eigenen jüdischen Legion bzw. Armee in den Krieg gegen Nazi-Deutschland eingreifen sollen. Hannah Arendt ist entschieden dafür. Sie ist der Auffassung, daß die Juden, denen Hitler den Krieg erklärt hat, mit einer eigenen Streitmacht in diesen Krieg eingreifen müssen, um ihren politischen Anspruch, ein eigenes Volk, wenn auch ohne Territorium, zu sein, durchzusetzen. Auf der politischen Ebene konnte sie sich damit weder bei den Briten, die eine solche Streitmacht unter ihre Fittiche nehmen sollten, geschweige denn bei den führenden Zionisten in den USA durchsetzen, welche die Errichtung eines rein jüdischen Staates in Palästina betrieben. In den zionistischen Debatten über einen jüdischen Staat in Palästina ist Hannah Arendt von Anfang an entschieden dafür eingetreten, daß dort Juden und Araber zusammenleben und gleiche Rechte haben sollten. Sie gab ihre Kolumne im *Aufbau* auf, als die Zionisten sich 1942 für den rein jüdischen Staat entschieden, schrieb jedoch in den letzten zwölf Monaten des Weltkrieges für die Zeitung weiter politische Artikel, in denen sie sich mit der Frage der politischen Neuordnung Europas und der Welt nach dem Sieg der Alliierten über

Faksimile eines Artikels von Hannah Arendt
in der Zeitung Aufbau, *New York*

Nazi-Deutschland befaßte. Sie versteht ihr politisches Handwerk als Kommentatorin bestens und besticht durch ihre Originalität und Leidenschaft für die Sache.

Ihre publizistische Tätigkeit blieb jedoch nicht auf die deutschsprachige Zeitung beschränkt, sondern fand Eingang auch in wissenschaftliche Zeitschriften wie die *Jewish Social Studies* und andere, so daß sie mit ihren Arbeiten auch über den engeren Kreis der deutschsprachigen jüdischen Emigranten hinaus zu wirken begann. Hannah Arendt schaffte es innerhalb weniger Jahre, in den erlauchten Kreis der in New York zentrierten amerikanischen

Hannah Arendt und Heinrich Blücher in New York, um 1950

Intellektuellen einzudringen und zur Mitarbeiterin so geachteter und einflußreicher intellektueller Organe wie der Zeitschrift *The Partisan Review* und *Commentary* zu werden. Zwei Jahre arbeitet sie als Lektorin im jüdischen Schocken Verlag. Sie wird von 1948 bis 1952 Geschäftsführerin der »Jewish Cultural Reconstruction«, die sich darum bemüht, im Krieg verlorengegangene Bestände jüdischer privater Bibliotheken wieder ausfindig zu machen und diese an ihre Besitzer bzw. an jüdische Organisationen zurückzugeben. In dieser Eigenschaft kommt Arendt im Jahre 1949 zum ersten Mal für einige Monate nach Deutschland zu Besuch.

In den zwei letzten Kriegsjahren und erst recht danach hatte Hannah Arendt von den für unmöglich gehaltenen

Verbrechen der Nationalsozialisten an den Juden in Europa erfahren. »Das war wirklich, als ob der Abgrund sich öffnet.«[10] Diese durch immer neue Tatsachenberichte belegten Schreckensmeldungen sind für sie dann auch der Anstoß zu ihrem großen Buch. Sie will ergründen und erforschen, wie es zu diesen Verbrechen und überhaupt zur Entstehung von politischen Systemen kommen konnte, die derartige Verbrechen möglich machten. Sie »will verstehen« und zeigen, welche historischen Entwicklungen es waren, die zur Entstehung von totalitären Systemen im 20. Jahrhundert geführt haben und was diese neuartigen politischen Systeme, den deutschen Nationalsozialismus und den russischen Bolschewismus, »in die Lage versetzte, so viel Gefolgschaft zu finden und so ungeheure Verbrechen zu begehen«. Die Veröffentlichung von *The Origins of Totalitarianism* im Jahre 1951, einem umfangreichen, aus drei Teilen bestehenden Buch, war ein Ereignis, ein Meilenstein für die damalige historische und politische Wissenschaft. Dieses Werk, das, von ihr selbst übersetzt, 1955 unter dem Titel *Elemente und Ursprünge totaler Herrschaft* auch in deutscher Sprache erschien, machte sie international bekannt. Es war der Anfang eines von immer neuen bedeutsamen Veröffentlichungen markierten Weges zu einer politischen Schriftstellerin von Rang.

Doch schon hier sei die menschliche und geistige Lebenswelt skizziert, die Hannah Arendt sich schuf und die zu ihrem Wesen ebenso gehört wie das Werk, das sie hinterlassen hat. Der amerikanische Autor Alfred Kazin, der zu ihrem New Yorker Freundeskreis gehörte, hat ihre geistige

Aura beschrieben: »Als ich sie in den späten 40er Jahren kennenlernte, war sie eine faszinierende, temperamentvolle Jüdin. Sie war weichherzig, witzig und ebenso weiblich wie scharfzüngig und unglaublich gebildet. Wenn sie von einer neuen Freundschaft hingerissen war, dann schmolzen ihre jüdischen Gesichtszüge und ihre rauhe Stimme in versonnene Liebenswürdigkeit … Sie bezauberte mich und andere, denn ihr Interesse an ihrem neuen Heimatland und an englischsprachiger Literatur wurde ebenso ein Teil von ihr selbst wie ihr Akzent und ihre Leidenschaft, über Plato, Kant, Nietzsche, Kafka, ja selbst über Duns Scotus zu diskutieren, als lebten sie alle zusammen mit ihr und ihrem energischen Gatten Heinrich Blücher in dem schäbigen Miethaus in der West 95th Street.« Dieses Zitat wirft ein Schlaglicht auf einen Aspekt der Persönlichkeit Hannah Arendts, die, wo immer sie war und wirkte, eine Aura um sich schuf, die ihrer Art zu denken einen von ihrer Person geprägten Rahmen verlieh.

Daß Arendt nach der Besetzung Frankreichs durch Hitlers Armeen mit Mühe und Not und viel Glück doch noch das rettende Ufer jenseits des Atlantik erreichte, dafür blieb sie immer dankbar. Zwar wurde sie erst zehn Jahre nach ihrer Ankunft in New York amerikanische Staatsbürgerin, aber sie konnte sich dank ihrer geistigen Fähigkeiten und Tatkraft in New York eine neue geistige und berufliche Existenz schaffen, in der sich ein intensives politisches Engagement für die Sache des jüdischen Volkes mit einer nicht minder intensiven geistigen Leidenschaft verband, die verrückte Welt, in die sie hineingeworfen war, verstehen zu wollen. Sie hat in ihrem unablässigen Bemühen des Verstehenwollens bewußt mit der bekannten akademischen Maxime gebrochen, daß man alle historischen Dinge *sine ira et studio* betrachten müsse. Wer nämlich die Konzentrationslager der Nationalsozialisten ohne Zorn und Empörung betrachte und beschreibe, so sagte sie einmal, der sei nicht wirklich objektiv, sondern im Begriff, sie zu entschuldigen. Obwohl das Echo auf ihre erste große Publikation nicht durchgehend positiv war und es gerade in den akademischen Kreisen der Historiker und Politologen wenige zu begeistern vermochte, bedeutete das Buch über den Totalitarismus doch ihren Durchbruch als politische Schriftstellerin bei einem breiten Publikum. Von da an hat sich Arendt der Einladungen zu Vorträgen in wissenschaftlichen und kulturellen Einrichtungen der westlichen Welt kaum mehr erwehren können, und es häuften sich in den 50er Jahren auch die Einladungen zu Gastprofessuren und Lehraufträgen an einige der berühmtesten amerikanischen Universitäten. Damit wurde auch äußerlich der Weg für die große politische Denkerin geebnet.

Aufstieg und Erfolg der politischen Denkerin

1951–1975

Innerhalb weniger Jahre hatte Hannah Arendt in der intellektuellen Szene der Vereinigten Staaten mit ihrem Zentrum in New York Fuß gefaßt. Obwohl sie sich schon durch ihre publizistischen Beiträge einen Namen gemacht hatte, waren diese doch im wesentlichen auf jüdische Zeitschriften beschränkt. Mit ihrem Buch über den Totalitarismus wurde sie mit einem Schlag in der Öffentlichkeit wahrgenommen. Denn damit hatte sie nicht nur die erste umfassende, gründliche und eigenwillige Darstellung und Erklärung einer neuen Regierungsform vorgelegt, die für das 20. Jahrhundert von großer und schrecklicher Bedeutung sein sollte, sie wandte sich mit diesem Buch auch an ein breiteres Publikum, das über die Fachkreise aus der historischen und politischen Wissenschaft hinausging. Hinzu kam, daß diese Studie über den Totalitarismus, die sechs Jahre nach dem Zusammenbruch des Hitler-Regimes erschien, der erste Versuch war, die typischen Merkmale eines neuen politischen Systems zu beschreiben und sein Funktionieren zu erklären. Aber in den sehr ausführlichen ersten zwei Teilen des Werkes hatte sie es auch unternommen, die Ursprünge, d. h. die Elemente für die Entstehung der neuen Herrschaftsform des Totalitarismus, zu erforschen. Nun waren die Politikwissenschaftler und Historiker angesprochen, die in den Vereinigten Staaten dank der zahlreichen Colleges und Universitäten sehr stark vertreten sind, und sie konnten, ebensowenig wie die politisch interessierten Intellektuellen, nicht umhin, sich mit Hannah Arendts erstem großen Werk auseinanderzusetzen. Die Beachtung, die dieses Buch in Amerika fand, zog dann wenige Jahre später auch die Übersetzung in andere Sprachen des Westens nach sich, so 1955 die von ihr selbst besorgte Übertragung ihres Buches ins Deutsche. Die Veröffentlichung ihrer Totalitarismus-Analyse hatte zur Folge, daß die Autorin im Laufe der fünfziger Jahre zu einer der bekanntesten Persönlichkeiten des westlichen Kulturkreises wurde, die es mit der Reputation eines Daniel Bell oder David Riesman in den USA oder eines Raymond Aron in Frankreich sehr wohl aufnehmen konnte. Eines der wichtigsten Themen, das sie mit ihrem Buch anstieß, war die Frage, wie gerechtfertigt und gut begründet es sei, das politische System der Sowjetunion unter Stalin in die gleiche Kategorie des Totalitarismus einzureihen wie den Hitlerschen Nationalsozialismus. Das war schon damals, zu Beginn des Kalten Krieges zwischen dem freiheitlichen Westen und dem sowjetischen Imperium, ein beliebter Streitpunkt unter den Intellektuellen und ist es bis heute geblieben. Die Linken hielten es für unzulässig, das kommunistische System unter dem Obertitel Totalitarismus auf die gleiche niedrige, verbrecherische Stufe zu stellen wie den Nationalsozialismus, und für die andere Seite des politischen Spektrums war es gerade im Kalten Krieg höchst willkommen, das Sowjet-Regime als totalitär zu brandmarken und seine Gefährlichkeit für die politische Zukunft der freien Welt zu unterstreichen. Hannah Arendt hat in ihrem Buch allerdings den kommunistischen Totalitarismus weit weniger gründlich und ausführlich behandelt als den nationalsozialistischen. Sie wußte, daß sie in bezug auf die Ursprünge des sowjetischen Totalitarismus ihren Lesern einiges schuldig geblieben war. Sie nahm deshalb nach dem Erscheinen ihres Buches eine wissenschaftliche Untersuchung in Angriff, die der Erforschung der totalitären Elemente des Marxismus dienen sollte.

Inzwischen war dank ihres Totalitarismus-Buches Arendts Ruf bis in die besten amerikanischen Universitäten vorgedrungen. So erhielt sie im Herbst 1953 als erste Frau eine Einladung zu sechs Vorlesungen über »Karl Marx und die Tradition des westlichen politischen Denkens« an die Universität Princeton. Von da an gibt es kaum ein Jahr, an dem Hannah Arendt nicht als Gastprofessorin oder als Vortragende im Rahmen angesehener Vorlesungszyklen an bedeutenden amerikanischen Universitäten tätig war. 1955 kam sie erstmals nach Berkeley, 1956 an die University of Chicago, später an die Columbia University in New York und einige andere angesehene Hochschulen mehr. Es wäre für sie ein leichtes gewesen, eine ordentliche Professur für politische Theorie an einer der großen amerikanischen Universitäten zu erhalten, aber sie legte Wert darauf, nur kürzere zeitliche Verpflichtungen einzugehen, um genügend Zeit für ihre eigenen Forschungen zu gewinnen, aber auch, um nicht zu lange von ihrem Mann getrennt zu sein, der inzwischen selbst ein ordentlicher Philosophieprofessor am angesehenen Bard College im Norden des Staates New York geworden war.

Für Hannah Arendt boten diese zeitweiligen, meist auf einige Monate beschränkten akademischen Verpflichtungen zugleich die Chance, die Themen, an denen sie gerade arbeitete, zum Gegenstand ihrer Vorlesungen und Seminare zu machen. So waren die sechs Vorlesungen an der Universität Chicago im Jahre 1956 eine günstige Gelegenheit, die Themen ihres nächsten wichtigen Buches, der *Vita Activa*, zu behandeln. Desgleichen hat sie im Jahre 1959 an der Universität Princeton Vorlesungen über »die Vereinigten Staaten und der revolutionäre Geist« gehalten, die dann in ihr Buch *Über die Revolution* eingingen. Das akademische Leben der Hannah Arendt in den Vereinigten Staaten war eine Art *cursus interruptus*, zu dem sie sich immer wieder gern überreden ließ, zumal wenn besonders günstige Bedingungen geboten wurden. Sie wollte jedoch kein bestallter Universitätsprofessor mit festem Lehrdeputat sein, noch, wie es von amerikanischen Professoren meist erwartet wird, ständig auf dem Campus präsent und für die Studenten zugänglich sein. Sie brauchte immer wieder den Abstand und die eigenen vier Wände oder die Atmosphäre einer öffentlichen Bibliothek und nicht zuletzt die Nähe ihres Mannes und ihrer Freunde, um zu sich zu finden. Sie erklärte einmal: »Ich kann nicht zu gleicher Zeit schreiben und lehren; dies sind zwei Tätigkeiten, die sich fundamental entgegenstehen und die ich zu verbinden nicht das Talent habe.« Es gelang ihr als akademischer Lehrerin vor-

Hannah Arendt als Dozentin

bildlich, Forschung und Lehre in einer von den Studenten hochgeschätzten Weise zu kombinieren, zumal Hannah Arendt dank ihrer Leidenschaft für die Politik und für das Denken eine imponierende Professorin = Bekennerin im besten Sinne des Wortes war.

Um ein anschauliches Bild von Arendts Werdegang als politische Schriftstellerin zu gewinnen, tut man gut daran, sich einmal zu vergegenwärtigen, was Hannah Arendt nach dem Erscheinen ihres ersten großen Buches alles geleistet und veröffentlicht hat. In den ersten Jahren nach dem To-talitarismus-Buch erschien eine ganze Reihe wichtiger Aufsätze in den führenden Zeitschriften Amerikas, die jetzt in deutscher Sprache unter dem Titel *Zwischen Ver-gangenheit und Zukunft. Übungen im politischen Denken I* zusammengefaßt sind. Dann kam 1958 ihr zweites Buch zur politischen Theorie *The Human Condition* – deutsch: *Vita Activa oder Vom tätigen Leben* – heraus, eine politi-sche Anthropologie, die viele Kenner des Werks von Han-nah Arendt für ihr wichtigstes politiktheoretisches Buch halten. 1963 erscheint ihr Buch *On Revolution*, über die Revolution, dessen Erscheinen nur durch ihre aufsehener-regende Berichterstattung über den Eichmann-Prozeß in Jerusalem verzögert wurde. Diese erschien unter dem Titel *Eichmann in Jerusalem. Ein Bericht über die Banalität des Bösen* ebenfalls 1963 als Buch. Dazwischen liegen viele große Aufsätze, die nicht nur in amerikanischen, sondern auch in englischen und in wachsendem Maße auch in deut-schen Zeitschriften erschienen.

Mit der Veröffentlichung ihres Totalitarismus-Buches in deutscher Sprache im Jahre 1955 ist Hannah Arendt auch in der Bundesrepublik zu einer weithin bekannten Persönlichkeit geworden. 1959 erhält sie den Lessing-Preis der Stadt Hamburg, für den sie sich mit einer großartigen Rede über Lessing bedankt. 1964 führt der Journalist Günter Gaus in seiner Sendereihe »Zur Person« ein langes Fernseh-Interview mit Hannah Arendt, durch das sie in Deutschland einem Millionenpublikum bekannt wird und das dank des Geschicks des Fragestellers zu einer Art historischen Denkmals für ihre Persönlichkeit wird. Ihre Aussagen in dieser Sendung sind zu einer wichtigen Quelle für das Leben und das Verständnis Hannah Arendts geworden.[11]

Hannah Arendt war 1951 amerikanische Staatsbürgerin geworden, ihr Mann nach gewissen Unsicherheiten wegen seiner kommunistischen Vergangenheit ein Jahr später. Als Amerikanerin ohne überzogenen Patriotismus, jedoch voller Dankbarkeit, daß dieses Land sie im Krieg aufgenommen hat, kehrt sie, wenn sie es irgendwie einrichten kann, meist im Sommer oder Herbst nach Deutschland und Europa zurück. Sie kann im neuen Deutschland stets einer freundlichen, respektvollen, ja bewundernden Anteilnahme gewiß sein. Natürlich gelten ihre Deutschland-Besuche stets ihrem verehrten und geliebten Freund Karl Jaspers in Basel, mitunter auch Martin Heidegger in Freiburg, aber sie ist auch in der geistigen Welt der Bundesrepublik wohlgelitten und fast wie zu Hause. Dabei hat natürlich die Tatsache, daß Hannah Arendt fest in der deutschen Sprache verwurzelt war und sich nur in ihr und mit ihr wirklich heimisch fühlen konnte, eine wichtige Rolle gespielt. Sie war schon 1958 auf der Frankfurter Buchmesse dem Bundespräsidenten Theodor Heuss begegnet, als sie die Laudatio für den Friedenspreisträger Karl Jaspers hielt. Zwar blieb sie im Schlepptau ihres Mentors gegenüber der deutschen Politik in der Ära Adenauer und auch noch in den sechziger Jahren eher reserviert, aber sie hat nicht ohne ein gewisses Erstaunen wahrgenommen, wie vorteilhaft sich dank des Wiederaufbaus und des Wirtschaftswunders das äußere Bild der Bundesrepublik änderte. Hannah Arendt gehörte seit den späten fünfziger Jahren wie selbstverständlich zum geistigen Profil und Bild der Bundesrepublik. Nun häuften sich akademische Würdigungen, Berufungen in kulturelle Gremien, und, worauf es eigentlich ankam, die wissenschaftliche Beschäftigung mit ihren Ideen und ihrem Werk nahm immer mehr zu. Seit dem Ende des Kalten Krieges hat diese Auseinandersetzung einen neuen Aufschwung genommen, der noch weiter anhalten dürfte.

Hannah Arendt treibt nach dem relativ großen Publikumserfolg ihres Buches über *The Human Condition* ihr wissenschaftliches Werk weiter voran, das in ihr nächstes Buch über die Revolution münden wird. Doch mitten in den Prozeß geistiger Vertiefung in das politische Denken und Handeln der amerikanischen Gründerväter platzt die Nachricht, daß es dem israelischen Geheimdienst gelungen war, den SS-Führer Adolf Eichmann, der für die Organisation des Transportes von Juden in die Vernichtungslager verantwortlich war, in Argentinien aufzuspüren und nach Israel zu entführen. Dort soll ihm der Prozeß gemacht werden. Sie kann den Chefredakteur der satirischintellektuellen Zeitschrift *The New Yorker* dafür gewinnen, sie als Berichterstatterin über dieses Verfahren nach Jerusalem zu schicken. Hannah Arendt hatte ihr erstes großes Buch über den deutschen Totalitarismus, in dem der Terror und das System der Konzentrationslager eine wichtige Stelle einnehmen, geschrieben, ohne je eine persönliche Anschauung von Menschen gehabt zu haben, die wie Adolf Eichmann diesem verbrecherischen System aktiv und ergeben zu Diensten waren. Sie wollte diesen Handlanger Hitlers, den die israelische Propaganda als ein Monstrum hinstellte, persönlich beobachten und sich ein Urteil über ihn bilden. Sie wollte aber auch prüfen, ob diese Art von Prozeß geeignet war, der Aufarbeitung der jüdischen Vergangenheit und der Gerechtigkeit zu dienen. So flog sie als Gerichtsreporterin nach Jerusalem und nahm mit gespannter Aufmerksamkeit am Eichmann-Prozeß teil, der, wie auch Hannah Arendt trotz mancher Bedenken gegen die Prozeßführung einsah, nur mit der Verurteilung des Angeklagten zum Tode enden konnte.

Mit der Berichterstattung im *New Yorker* ließ Hannah Arendt sich – auch gezwungenermaßen: sie hatte einen Autounfall – viel Zeit. Der erste von fünf langen Artikeln erschien im Februar 1963, die Buchfassung einige Monate später, ein Jahr darauf die deutsche Übersetzung, die von ihr selbst um eine »Vorrede« erweitert wurde. Hannah Arendt, die während der Veröffentlichung des ersten Artikels gerade bei Karl Jaspers in Basel weilte, um dessen achtzigsten Geburtstag zu feiern, hatte sich keine Vorstellung davon gemacht, welchen Sturm der Entrüstung und welche Empörung ihre Veröffentlichung gerade in jüdischen

Kreisen auslösen sollte. Es kam zu förmlichen Kriegser-
klärungen ihr gegenüber. Langjährige, tiefgehende Freundschaften gingen zu Bruch, und Hannah Arendt mußte an
sich selbst erleben, was es bedeutet, Opfer einer mehr oder
weniger gesteuerten publizistischen Kampagne zu sein. Das
Buch über Eichmann entfachte vornehmlich unter den Juden, aber nicht bei ihnen allein, einen Skandal, der ihrem
guten, mit so viel Fleiß und Arbeit erworbenen Ruf abträg-
lich war und ihr schwer zu schaffen machte. Erst die Ermor-
dung des amerikanischen Präsidenten John F. Kennedy am
22. November 1963 macht der öffentlichen Auseinandersetzung über das Eichmann-Buch ein vorläufiges Ende. Wir
werden an anderer Stelle auf diese Kontroverse eingehen
und sie aus dem Abstand von fast vierzig Jahren beurteilen.

Nach ihrem von Politik unbeschwerten Studium der Philosophie hatte Hannah Arendt durch Kurt Blumenfeld
und dann durch eigene Erfahrung gelernt, wie sehr Politik
das Schicksal von Menschen beeinflussen kann. Bei ihrer
Flucht aus Deutschland und in der Zeit bis zu ihrer rettenden Ankunft in den Vereinigten Staaten hatte sie sogar an
sich selbst erfahren müssen, daß von der Politik auch das
Leben und die Freiheit abhängen können. Unter diesen
Bedingungen entwickelte die Philosophin ein vitales Interesse an Politik, das fortan ihr Leben und all ihre Wahr-
nehmungen beherrschte. Dieses Interesse, betraf anfangs
in New York vor allem das politische Schicksal des jüdischen Volkes, später nicht minder die politische Entwicklung in den Vereinigten Staaten und in der ganzen Welt.
Als amerikanische Bürgerin stand sie der politischen Ent-

wicklung in Deutschland zwar nicht interesselos, aber
doch mit einer gewissen Distanziertheit und Reserviert-
heit gegenüber. Doch hat sie, vor allem wenn sie in
Deutschland unterwegs war, an den politischen Verhältnissen des Landes interessiert Anteil genommen. Das begann bei ihrer Beobachtung der besiegten Deutschen anläßlich ihres ersten mehrmonatigen Deutschland-Aufent-
haltes 1949/50. Auch ihre enge geistige Verbindung mit
Karl Jaspers, der sich von Basel aus für die Vorgänge in der
Bundesrepublik brennend interessierte und nach Möglichkeit wirksam einzugreifen versuchte, hat ihr Interesse
für die deutsche Politik wachgehalten. Sie schrieb ein zu-
stimmendes Vorwort zur amerikanischen Ausgabe von
Jaspers' kritischem Buch über die Bundesrepublik. Auch
1968, im Jahr der Studentenrevolte, hat Arendt die Ereignisse in den USA wie auch in der Bundesrepublik sehr genau verfolgt und dazu Stellung genommen. Kurz: Hannah
Arendt, wie ihr großer französischer Kollege Raymond
Aron ein *spectateur engagé*, war eine Zeitgenossin, welche
die politischen Vorgänge um sie herum und in der ganzen
Welt aufmerksam verfolgte und beobachtete, sich unablä-
sig ihre Gedanken darüber machte und sie im ständigen
Dialog mit ihrem politisch nicht minder versierten Mann
Heinrich Blücher und den zahlreichen Freunden zur Diskussion stellte. Sie konnte ohne die Lektüre von Zeitungen
mit den neuesten Nachrichten nicht sein und gewann
durch diese aufmerksame Beobachtung politischer Vorgänge einen Einblick in das Wesen der praktischen Politik.
Ihre Sicht auf das Politische war nicht, wie bei vielen Politologen und Journalisten, auf das Problem der Macht fi-

xiert. Vielmehr richtete sie ihre Fragen und ihr Denken auf das Hintergründige, das es gerade im Politischen gibt. Deshalb hat sie sich in einigen ihrer kleinen, aber darum doch nicht weniger wichtigen Veröffentlichungen mit so großen und wichtigen Themen wie »Wahrheit und Politik« oder der »Lüge in der Politik« oder mit dem Unterschied von »Macht und Gewalt« befaßt. Es waren stets Themen, die des Nachdenkens bedürfen, eines Nachdenkens aber, wie sie selbst betont hat, das aus der Erfahrung, der politischen wie der persönlichen, gespeist wird. Nach dem Buch über die Revolution von 1963 und dem so folgenschweren Bericht über Eichmann in Jerusalem gibt es keine größeren politischen Bücher mehr aus ihrer Feder. Doch sind die wichtigen Beiträge, die sie im Untertitel »Übungen im politischen Denken« nennt, heute in zwei Bänden dcr Serie Piper greifbar. Der erste heißt *Zwischen Vergangenheit und Zukunft*, der andere *In der Gegenwart*. Beide zusammen sind ein Kompendium des politischen Denkens, wie Hannah Arendt es uns vorgeübt hat und wie wir es mit Gewinn von ihr lernen können.

Dabei hat sich Hannah Arendt immer wieder an konkreten Problemlagen orientiert. Einer ihrer wichtigen Beiträge über die Möglichkeit politischer Veränderung befaßt sich mit der ungarischen Revolution von 1956, und ihr letzter großer politischer Vortrag aus dem Jahre 1975 gilt der Betrachtung der Lage der amerikanischen Nation zweihundert Jahre nach jener Revolution, aus der die Vereinigten Staaten hervorgingen.

In ihren späten Jahren ab 1970 hat sie dann noch einmal eine große geistige Kraftanstrengung unternommen. Sie faßte den Plan, ein großes abschließendes Werk über ihre philosophischen Bemühungen zu verfassen, das den Titel *The Life of the Mind* trägt. Sie kann die ersten beiden Bände, den ersten über das Denken, den zweiten über das Wollen noch abschließen, doch den dritten über das Urteilen, der von der Sache her für die politische Theorie als der wichtigste gilt, leider nicht mehr vollenden.[12] Desungeachtet ist ihr Werk groß und bedeutend. Sie hat es in den letzten Jahren ihres Lebens einer Situation abringen müssen, in der sie ohne die beiden wichtigsten Begleiter und Partner ihres Lebens auskommen mußte. Karl Jaspers, ihr Doktorvater, der zum geistigen Freund und Berater geworden war, war im Februar 1969 gestorben. Ihr Mann Heinrich Blücher, mit dem sie eine ungewöhnliche geistig-persönliche Kommunikation verband, hatte sie im Oktober 1970 allein zurückgelassen. Doch trotz dieser Verluste, an denen sie schwer zu tragen hatte, wußte Hannah Arendt sich stets von guten Freunden umgeben und umsorgt. Sie trug nach ihren besten Kräften zum Leben des Geistes bei, wie ihr letztes philosophisches Werk lautet.

Sie starb am 4. Dezember 1975, gerade neunundsechzig, an einem Herzinfarkt in New York, ihrer zweiten Heimat.

TEIL ZWEI

Der Weg des Denkens

Hannah Arendt, in den frühen
50er Jahren in New York

Das Totalitarismus-Buch –
der Durchbruch

Zehn Jahre, nachdem Hannah Arendt mit Heinrich Blücher den rettenden amerikanischen Boden betreten hatte, erschien 1951 in New York ihr erstes großes Werk, *The Origins of Totalitarianism.* Eine britische Ausgabe erschien im gleichen Jahr unter dem Titel *The Burden of Our Time* (Die Last unserer Zeit). Die deutsche Ausgabe folgte unter dem Titel *Elemente und Ursprünge totaler Herrschaft* erst 1955 in der Frankfurter Europäischen Verlagsanstalt, jedoch mit der wichtigen editorischen Notiz: »Von der Verfasserin übertragene und neu bearbeitete Ausgabe«. Man muß also in der deutschen Fassung eine von der Autorin überarbeitete Version sehen. Sie unterscheidet sich vom englischen Text neben Einzelheiten vor allem dadurch, daß anstelle der abschließenden Bemerkungen in der amerikanischen Ausgabe ein neues Kapitel unter dem Titel »Ideologie und Terror« eingefügt ist. Dieser Text ist bereits in der Festschrift zum 70. Geburtstag von Karl Jaspers von 1954 erschienen. Jaspers hat für die deutsche Ausgabe ein Geleitwort beigesteuert, in dem er hervorhebt, daß Hannah Arendt in diesem Buch das schlechthin Neue erkannt habe, »was im Nationalsozialismus und Bolschewismus mehr ist als Despotie und Tyrannei. Sie erforscht die Voraussetzungen, die Bedingungen und Gleislegungen, die das Phänomen ermöglicht haben.«[13]

In der deutschen Fassung ist die Totalitarismus-Analyse ein umfangreiches Buch von 782 eng bedruckten Seiten mit vielen Fußnoten und gilt, seit eine umfangreiche wissenschaftliche Forschung sich mit dem Werk Hannah Arendts auseinandergesetzt hat, als ihr grundlegendes Werk. Grundlegend, weil in ihm die Grundzüge ihrer politischen Theorie, die sie dann in späteren Büchern ausgearbeitet hat, bereits im Ansatz enthalten sind, so daß das Totalitarismus-Buch zum Ausgangspunkt ihres ganzen Werkes geworden ist. Diese erste große Arbeit Arendts lehrt uns nicht nur, warum und wodurch der Totalitarismus sowohl im Nationalsozialismus als auch im Stalinismus zu einer in der bisherigen Geschichte nicht dagewesenen politischen Erscheinung werden konnte, sondern auch, wie es möglich wurde, daß die moderne Gesellschaft diese völlig neue Form der Gewaltherrschaft, die zur Zerstörung der Politik führte, hervorbringen konnte. Hannah Arendt, für die das Verstehenwollen der Dinge ihre geistige Lebensmaxime war, versucht in ihrem großen Totalitarismus-Buch nicht, wie die Historiker es zu tun pflegen, die Entstehung des Totalitarismus und seiner Systeme Schritt für Schritt historisch zu erklären. Ihr Interesse war vielmehr vornehmlich darauf gerichtet zu verstehen, warum und wodurch diese Art von Regime überhaupt möglich geworden war und warum es in der Moderne in Erscheinung trat. Sie hat in späteren Aussagen erklärt, was für einen Schock es für sie und ihren Mann bedeutet hat, ab dem Jahre 1943 zu erfahren, daß die Nationalsozialisten tatsächlich darangingen, das jüdische Volk zu vernichten. Hier tat sich für sie – wie sie selbst sagte – ein Abgrund auf. Hier war etwas geschehen, was nie hätte geschehen dürfen.

Es war dieser Schock, der Hannah Arendt veranlaßte, dem Ungeheuerlichen, was geschehen war, nachzuspüren, es in Worte zu fassen und eine Theorie zu entwickeln, die das totalitäre Phänomen im 20. Jahrhundert zu erklären vermochte. Noch wichtiger war ihr, ein Verständnis von Politik zu entwickeln, das dem Totalitarismus völlig entgegengesetzt war. Die »alte Politik« hatte zu den Greueln der totalen Herrschaft geführt, die von ihr konzipierte »neue Politik« sollte dies verhindern.

Das Totalitarismus-Buch war das Werk einer Frau, die ein Gespür dafür hatte, daß das Ungeheuerliche und Neuartige der totalitären Systeme im 20. Jahrhundert nur grauenhafte Wirklichkeit werden konnte, weil es sich im 19. Jahrhundert und Anfang des 20. Jahrhunderts historisch vorbereitet hatte. Dieser Beweisführung dienten die beiden ersten Teile ihres Buches. Sie sah die Ursprünge der totalen Herrschaft unter anderem im Niedergang und Zerfall des Nationalstaates sowie im Aufstieg der modernen Massengesellschaft. In diesem historischen Prozeß seien Elemente frei geworden, die sich dann im Nationalsozialismus und im Bolschewismus zum Phänomen der totalitären Herrschaft »kristallisiert« hätten. Deshalb hat sie die beiden ersten, sehr ausführlichen Teile ihres Buches dem *Antisemitismus* und dem *Imperialismus* gewidmet.

71

Diese waren die Vorboten, die »Elemente« totaler Herrschaft, die dieser historisch vorangingen, sie aber nicht zwingend erklärten. Das umfangreiche Buch läuft auf den dritten Teil mit der Überschrift *Totalitäre Bewegung und totale Herrschaft* zu. Mit dieser ersten anspruchsvollen Analyse der neuen Staatsform des Totalitarismus ist Hannah Arendt rasch berühmt geworden.

Im Vorwort zur deutschen Ausgabe des Buches erklärt sie die Zielsetzung ihres Werkes mit den Worten: »Das Buch handelt von den Ursprüngen und Elementen der totalen Herrschaft, wie wir sie als eine, wie ich glaube, neue ›Staatsform‹ im Dritten Reich und in dem bolschewistischen Regime kennengelernt haben. Die Ursprünge liegen in dem Niedergang und Zerfall des Nationalstaates und dem anarchischen Aufstieg der modernen Massengesellschaft; die Elemente, die in diesem Zerfallsprozeß frei werden, sind ihrerseits in den ersten beiden Teilen in ihre historischen Ursprünge zurückverfolgt und in dem dritten Teil in ihrer totalitären Kristallisationsform analysiert. Die historisch gehaltenen Darstellungen der beiden ersten Teile beabsichtigen natürlich nicht, die ... Geschichte des Antisemitismus oder eine neue Geschichte des Imperialismus zu liefern. Sie heben nur das an der Entwicklung hervor, was sich an ihrem Ende als entscheidend erwiesen hat und für die Analyse des letzten Teils unumgänglich ist.«[14]

Hannah Arendt war eine eigenwillige Denkerin, die nicht den Ehrgeiz hatte, in ihrer Analyse des Totalitarismus mit den etablierten Historikern und Politologen zu wetteifern. Methodologie, jenes so beliebte Terrain gelehrter akademischer Auseinandersetzung, war ihr nicht wichtig. Sie liegt mit ihrer Art von politischer Wissenschaft manchmal quer zu den akademischen Normen und Gebräuchen. Deshalb schrieb sie auch nicht eine Geschichte des Totalitarismus und seiner Entstehung von Anfang an, sondern untersuchte so eingehend wie möglich zwei historische Erscheinungen, die wesentlich dazu beigetragen hatten, daß der Totalitarismus möglich wurde. Sie war sogar der Auffassung, daß die für die gewöhnliche Geschichtsschreibung bestimmende Kategorie der Kausalität, die ein Ereignis aus dem Vorausgegangenen folgert, für das, was sie erkennen und verstehen wollte, eine »unpassende, ja verfälschende« Kategorie sei. Die Elemente totaler Herrschaft, die sie am Beispiel des Antisemitismus und des Imperialismus in den beiden ersten großen Abschnitten ihres Werkes analysierte, verstand sie nicht als die allein determinierenden Ursachen des Totalitarismus, sondern diese können zu Ursprüngen von Geschehnissen werden, falls und wenn sie sich zu festen und abgegrenzten Formen kristallisieren, was man erst erkennt, wenn es so weit ist: »Das Geschehnis erhellt seine eigene Vergangenheit, aber es kann niemals von ihr abgeleitet werden.« Dies war die Umkehrung der üblichen historischen Methode.

Hannah Arendts Buch über die Ursprünge und Elemente der totalen Herrschaft war ein eigenwilliger Versuch, den Totalitarismus als eine neue Staatsform zu deuten, deren Ziel es ist, das menschliche Verständnis von Politik zu zerstören und der abendländischen Geschichte der Staatsformen eine neuartige und extreme Ausprägung hinzuzufügen, die, bliebe sie siegreich, zum Ende der Humanität führen müßte. Für die Historiker und die politischen Publizisten, die sich mit dem Problem des Totalitarismus, den Gründen seiner Entstehung und den Wirkungen seiner Existenz befaßten, war Arendts Buch keine leicht zu verdauende Kost. In diesem Werk zeigte sich, daß da eine Philosophin, die sich mit dem Schicksal des Menschseins in ihrer Zeit beschäftigte, am Werke war und nicht eine akribische Historikerin, die lediglich versuchte, den Weg und die Entwicklung nachzuzeichnen, welche die Entstehung totalitärer Systeme im Nationalsozialismus und im Bolschewismus möglich gemacht hatten. Ihre Analyse des totalitären Systems verfährt nicht empirisch, sondern ist eine idealtypische Zuspitzung, eine Zuspitzung jedoch, die den Kern, das Wesen des totalitären Systems, sehr genau trifft. Wir haben uns inzwischen durch weitere Forschungen daran gewöhnt, das Leben und die Entwicklung in den totalitären Staaten, vor allem im Nationalsozialismus des Dritten Reichs, in vielen Einzelheiten präsentiert zu bekommen, und manches davon läuft nicht auf Ideologie und Terror hinaus. Vieles von dem, was Historiker über den Alltag des Lebens im Dritten Reich zutage förderten, ist tatsächlich weit entfernt von Arendts Analyse, in der die Konzentrationslager als die typische Institution des Totalitarismus erscheinen. Doch hat niemand wie sie den die Humanität bedrohenden, ja vernichtenden Charakter des Totalitarismus erklärt und plausibel gemacht. Diese Plausibilität ihres Modells der totalen Herrschaft wird gewiß nicht durch alle historischen Untersuchungen über das Leben im Totalitarismus bestätigt, aber ihr Buch ist und bleibt eine kraftvolle Interpretation einer historischen Erscheinung, die wir ohne Hannah Arendt in ihrem Wesen und ihren enthumanisierenden Wirkungen nicht so eindringlich verstehen würden. Wir verdanken sie einer Frau, die sich bewußt war, daß sie in einem solchen System kein Recht auf Leben gehabt hätte.

Das Wesen totalitärer Herrschaft

Der dritte Teil ihres großen Buches erstreckt sich über fast
300 Druckseiten und trägt die Überschrift »Totale Herrschaft«. Er ist das Kernstück dieses Buches und entfaltet
die Totalitarismustheorie, für die Hannah Arendt berühmt
geworden ist. Ihre eigenwillige Behandlung des großen
Themas war bestimmt durch den ihr ganzes Werk prägen-
den Willen, eine Sache in ihrem Kern, ihrem Wesen verstehen zu wollen. Und so schrieb sie, je nach ihrem indi-
viduell empfundenen geistigen Bedürfnis, mal wie eine
Historikerin, mal wie eine Soziologin oder eine Politik-
wissenschaftlerin, mal wie eine Philosophin, ohne sich den
Regeln einer einzigen Disziplin zu beugen. Am meisten
haben die Historiker an ihr auszusetzen, gefolgt von den
empirischen Sozialwissenschaftlern, die in ihrem Werk
über den Totalitarismus einfach zu wenig konkrete Daten
und zusammenhängende und nachprüfbare Prozeßver-
läufe finden, um den Ansprüchen ihrer Disziplin genügen
zu können.

Sie ist also schwer methodisch einzuordnen und hat gerade darum vielen ihrer Interpreten Anlaß zu kritischen Urteilen über ihre Art von Wissenschaft gegeben. Doch niemand, der einigermaßen fair zu urteilen versuchte, konnte übersehen, daß es sich bei Hannah Arendt um eine ernstzunehmende Denkerin handelte, um eine Wissenschaftlerin *sui generis*, die durch die Originalität ihres Denkens und ihrer Beweisführung bestach. So mag man ihr vielleicht nicht zustimmen, muß aber doch ihrer geistigen Leistung mit großem Respekt begegnen. Ihre Theorie des Totalitarismus beeindruckt weder durch historische Genauigkeit noch durch die genügende empirische Absicherung ihrer Thesen. Vielmehr sind es die Entschiedenheit und Einzigartigkeit, womit sie den Totalitarismus als ein die Grundlagen der westlichen Zivilisation zerstörendes Phänomen ins Auge faßte, das auch nach dem Verschwinden der beiden großen totalitären Systeme, Nationalsozialismus und Stalinismus, eine latente Bedrohung für unsere Welt geblieben ist. Wir verdanken dieser Autorin die durchdringendste Beschreibung einer gegen die Prinzipien des Menschseins gerichteten, neuartigen historischen Unternehmung, die im Totalitarismus sich anschickte, der Welt und den Menschen in ihr eine neue, alle Freiheit und Individualität total zerstörende Richtung zu geben. In ihren Studien über die Konzentrationslager als typische soziale Einrichtung eines totalitären Systems und in ihrer Bestimmung des Terros als dem leitenden Prinzip dieser neuen totalitären Ordnung hat sie das Modell einer neuen politischen Ordnung aufgezeigt, in der alles möglich werden konnte, zuletzt auch die Vernichtung der Menschheit.

Man muß daran erinnern, daß Hannah Arendt dieses Buch in den Jahren zwischen 1944 und 1949 schrieb, einer Zeit, in der die Folgen der totalitären Macht Hitlers und der Ausdehnung dieser Macht auf große Teile Europas noch außerordentlich nahe und spürbar waren. Für sie, die persönlich dem mörderischen Zugriff dieses Totalitarismus noch hatte entkommen können, war es besonders wichtig geworden, der Frage nachzudenken und nachzugehen, wie diese äußerste Zuspitzung bis zur totalen Herrschaft hatte entstehen und für eine schlimme Zeitlang hatte Wirklichkeit werden können. Es ist darum, bei aller mehr oder weniger berechtigten Kritik an ihren besonderen Methoden und Formen der Darstellung des Totalitarismus, doch weithin erkannt und anerkannt worden, daß hier eine Denkerin am Werk war, die das furchterregende, die menschliche Zivilisation bedrohende Phänomen des Totalitarismus in seiner Radikalität und Konsequenz erfaßt und zu beschreiben versucht hatte.

Der britische Politikwissenschaftler Sir Bernard Crick, ein kritischer Bewunderer der Hannah Arendt, hat die Besonderheit ihrer geistigen Leistung, die sich im Totalitarismus-Buch so deutlich offenbarte, so charakterisiert: »Viele haben viel klarer über die Dynamik des modernen Despotismus, über die Ursachen und das Wesen der faschistischen und kommunistischen Konzentrationslager geschrieben ... sowie über die grundlegenden Voraussetzungen der europäischen Idee der zivilen Republik und ihren drohenden Verfall in eine individualistische Konsummentalität. Doch niemand anderes als Hannah Arendt hat sich so sehr darum bemüht, die Verbindungen zwischen diesen verschiedenen Phänomenen aufzudecken und einen Spiegel aufzustellen, durch den die europäische Zivilisation ihre Fehler erkennen und vielleicht eine letzte Chance ergreifen könne, ihr Haus in Ordnung zu bringen, und zwar bevor wir von einem weiteren großen Unheil oder zumindest einem allmählichen Verfall des zivilen Geistes und der öffentlichen Werte, also einer Privatisierung aller öffentlichen Angelegenheiten, heimgesucht werden.«[15]

Arendt beginnt den dritten Teil ihres Buches mit einem Kapitel über den Untergang der Klassengesellschaft und der aus ihr hervorgehenden Massengesellschaft. Ohne Massen kann es keine totalitäre Bewegung geben, die wiederum die Voraussetzung für die Durchsetzung einer totalitären Staatsform ist. Für die Massen, die sich zu einer totalitären Bewegung formen lassen, ist es typisch, daß sie keinen festen Organisationen wie Parteien oder Verbänden angehören, sondern eine Art Flugsand in einer Gesellschaft sind, deren feste Strukturen und Gliederungen sich auflösen. So entstand »eine unorganisierte, unstrukturierte Masse verzweifelter und haßerfüllter Individuen«.[16] Diese Art von Vermassung geschah in Deutschland vor allem nach dem Ersten Weltkrieg, wo sie durch die erlittene Niederlage und ihre Folgen, nämlich Inflation und Arbeitslosigkeit, massiv gefördert worden war. Dies war dann der soziale Stoff, aus dem Hitler seine totalitäre Bewegung formen konnte. Worauf es Hannah Arendt in diesem Abschnitt vor allem ankommt, ist zu zeigen, daß es sich bei den totalitären Bewegungen um Massen von Individuen handelt, die sozial atomisiert und isoliert sind und darum ihren Führern, von denen sie das Heil erwarten, in

Elemente und Ursprünge totaler Herrschaft –
Taschenbuchausgabe von 2000

unverbrüchlicher Treue folgen. Zugleich ist der Führer nichts anderes als ein Exponent der von ihm geführten Massen. »Ohne den Führer sind die Massen ein Haufen, ohne die Massen ist der Führer ein Nichts.« Für den Totalitarismus ist es nach Hannah Arendt entscheidend, daß diese Massen ständig in Bewegung gehalten werden. Denn nur durch diese Art von Dynamik sei gesichert, daß jeder einzelne Mensch in dieser Bewegung total beherrscht wird.

In den Wochen und Monaten der nationalsozialistischen Machtergreifung hatte die Autorin in Berlin selbst erlebt, wie viele der ihr bekannten Akademiker und Intellektuellen bereit waren, dem neuen Regime zu Dienste zu sein. Ohne daß sie genauer nachweist, in welchem Umfang die deutsche Intelligenz willens war, sich der entstandenen Massenbewegung zur Verfügung zu stellen, spricht Hannah Arendt von einem Bündnis, das diese geistige Elite Deutschlands mit dem Mob der nationalsozialistischen Bewegung eingegangen sei, und von dem Phänomen, daß sich die Intellektuellen am Ende sogar mit den phantastischen Geschichtsfälschungen totalitärer Propaganda leicht hätten abfinden können. Gewiß fehlen den Ausführungen der Autorin über das beunruhigende »Bündnis zwischen Mob und Elite« die für die Geschichtsschreibung notwendigen empirischen Beweismittel. Es ist aber unabweisbar, daß es zu einer totalitären Herrschaft nur dann kommen kann, wenn die unruhigen und ressentimentgeladenen Massen flankiert werden von einer geistigen Elite, die sich in den Dienst der totalitären Herrschaft stellt. Gerade die Forschungen der Zeitgeschichte haben, wenn auch mit Differenzierungen, diese These längst bestätigt.

In den folgenden Abschnitten ihres Buches über die totalitäre Propaganda und Organisation versucht die Autorin zu zeigen, wie die totalitären Systeme mit Hilfe der Propaganda und des organisierten Terrors daran arbeiteten, eine andere Welt zu schaffen, die mit der Wirklichkeit nicht mehr in Übereinstimmung ist. Damit befriedigte die Führung das Bedürfnis der mobilisierten Massen, sich den Problemen der wirklichen Welt zu entziehen. Dank der Propaganda auf der Basis der herrschenden Ideologie ge-

lang es den totalitären Machthabern, die Massen in ihrer
Mehrheit von der wirklichen Welt zu entfernen. Die totalitäre Ideologie ist es, welche die Aufgabe der neuen Welt-
erklärung für die Führer und die unterworfenen Volks-
genossen übernimmt. Sie ist es auch, die dafür sorgt, daß es
keinen freien Raum des Denkens mehr gibt, auch nicht
mehr die Überraschung des Zufalls und der Spontaneität,
weil dank der totalen Herrschaft, die das System ausübt,
die Macht der Geschichte gemäß den als gültig angesehenen ideologischen Gesetzen ihren Lauf nimmt. »Was die
Massen sich weigern anzuerkennen, ist die Zufälligkeit,
die eine Komponente alles Wirklichen bildet. Ideologien
kommen dieser Weigerung entgegen, sofern sie alle Tatsachen in Beispiele vorweggenommener Gesetze verwandeln und alle Koinzidenz eliminieren durch die Annahme
einer alle Einzelheiten umfassenden Allmächtigkeit. Diese
Attitüde der Flucht aus der Wirklichkeit in die Einbil-
dung, von dem Ereignis in den notwendigen Ablauf eines
Geschehens, ist die Voraussetzung für alle Massenpro-
paganda.«[17]

Hannah Arendt entwirft in ihrer Analyse des Totalitarismus das Bild einer zwar schaurigen, aber in sich stimmigen
und konsequenten Gegenwelt, in der die sonst üblichen
Formen der Auseinandersetzung des Menschen mit der
Wirklichkeit mit Hilfe des Terrors und der durch die totalitäre Propaganda bewirkten gemeinsamen Überzeugung
ein Gebilde schaffen, das die Wirklichkeit scheinbar zu
verwandeln vermag. Ein Leitsatz totalitären Handelns ist
nämlich die Überzeugung, daß alles möglich ist, wenn man
mit den Mitteln totalitärer Herrschaft, in der für Freiheit

und Selbständigkeit kein Raum mehr bleibt und das Wissen durch die Ideologie ersetzt ist, die Probleme zu lösen versucht. Deshalb ergibt sich für den Totalitarismus eine Umpolung politischer Begriffe und Verhältnisse, die zu erkennen es einer neuen politischen Wissenschaft bedarf. »Das Denken emanzipiert sich mit der Zeit von jeder Erfahrung und von allen Tatsachen. Weil der Mensch, dem jeder gesunde Menschenverstand und jede Urteilsfähigkeit abhanden gekommen sind, zwischen Wirklichkeit und Schein nicht mehr unterscheiden kann, wird schließlich auch die Differenz zwischen Wahrheit und Lüge irrelevant.«[18]

Für die Behauptung totalitärer Herrschaft ist deshalb unerläßlich, daß sie die von ihr geschaffene und kontrollierte Scheinwelt aufrechterhält, daß die Ideologie ihre Wirksamkeit nicht verliert. Das kann im System der totalitären Staaten nur dadurch geschehen, daß man das Volk mit seinen gelenkten Organisationen in dauernde Bewegung versetzt oder, wie im Krieg geschehen, durch die Anstrengung aller Kräfte und die Mobilisierung des gemeinsamen Willens zum Sieg der totalitären Herrschaft ungeahnte neue Möglichkeiten eröffnet.

Ihren Höhepunkt erreicht die ausgedehnte Darstellung des neuartigen politischen Systems des Totalitarismus in Arendts Analyse der Konzentrations- und Vernichtungslager der Nazis. Diese seien wie Laboratorien gewesen, in denen demonstriert werden sollte, daß der fundamentale Anspruch der totalitären Systeme auf die totale Beherrschbarkeit der Menschen auch tatsächlich realisierbar ist. Hannah Arendt sieht in den KZs »die konsequenteste

Institution totaler Herrschaft. ... Das eigentliche Grauen der Konzentrations- und Vernichtungslager besteht darin, daß die Insassen, selbst wenn sie zufällig am Leben bleiben, von der Welt der Lebenden wirksamer abgeschnitten sind, als wenn sie gestorben wären, weil der Terror Vergessen erzwingt. Der Mord geschieht hier ganz ohne Ansehen der Person; er kommt dem Zerdrücken einer Mücke gleich. Es mag einer sterben, weil er den systematischen Folterungen erliegt oder dem Hunger oder weil das Lager überbelegt ist und überflüssiges Menschenmaterial liquidiert werden muß.«[19]

Ohne je die grauenhafte Welt der Konzentrationslager konkret zu schildern, schafft es Hannah Arendt in diesem Teil ihres Buches, etwas von dem Schock verspüren zu lassen, mit dem sie beim Studium dieser unmenschlichsten aller Einrichtungen des Totalitarismus zu kämpfen hatte. »Die Tötung der Individualität, der Einmaligkeit der menschlichen Person, die, zu gleichen Teilen von Natur, Willen und Schicksal gebildet, und uns in ihrer unendlichen Verschiedenheit so selbstverständliche Voraussetzung aller menschlichen Beziehungen geworden ist ... erzeugt ein Grauen, das über die Empörung der rechtlich-politischen und die Verzweiflung der moralischen Person weit hinausgeht ... In Wahrheit demonstrieren die Erfahrungen der Konzentrationslager, daß es in der Tat möglich ist, Menschen in Exemplare der menschlichen Tierart zu verwandeln, und daß die ›Natur‹ nur insofern ›menschlich‹ ist, als sie es den Menschen freistellt, etwas höchst Unnatürliches, nämlich ein Mensch zu werden.«[20] Der Zweck der Lager im Totalitarismus war die radikale Zerstörung der individuellen Lebenswelt der Insassen. Es war, wie die Autorin an einer anderen Stelle schreibt, »eine Irrsinnswelt«. Angesichts dessen, was dort geschehen war und was nie hätte geschehen dürfen, wie Hannah Arendt wiederholt betonte, machte sie sich um so entschiedener auf den Weg, mit ihren konstruktiven Gedanken eine lebensfähige menschliche Welt zu erbauen, eine Welt, in der Politik als Freiheit erfahrbar wird, eine Politik, die den Gefahren und Verführungen des Totalitarismus im Zeitalter des 20. Jahrhunderts dauerhaft und wirksam widerstehen könnte.

Es ist nicht erstaunlich, daß dieses Buch, mit dem Hannah Arendt 1951 an die Öffentlichkeit trat, bis in die Gegenwart hinein seine Spuren in der politischen und historischen Diskussion über unsere moderne Welt und ihre Gefährdungen hinterlassen hat. Hätte sie nur eine noch so gute Beschreibung der historischen Entwicklung des Totalitarismus vorgelegt oder sich lediglich darauf versteift zu behaupten, mit dem Totalitarismus, wie er im 20. Jahrhundert in Deutschland und in der Sowjetunion Wirklichkeit wurde, sei etwas Besonderes in Erscheinung getreten, so wäre sie von der fortschreitenden Forschung schnell überholt und vergessen worden. Was ihrem ersten Werk bei allen Schwächen den bleibenden, bis heute erregenden und aufwühlenden Charakter verleiht, war ihre leidenschaftliche Sorge um die Behauptung des Menschseins in der modernen Welt. Ihre Erfahrung, daß in totalitären Systemen Dinge möglich geworden waren, die nie hätten geschehen dürfen, trieb sie zur Aufdeckung der Ursprünge und Funktionsmechanismen der totalitären Staaten. Sie gelangte zu der furchtbaren Erkenntnis, daß diese Systeme tatsächlich den ungeheuerlichen Schritt wagten, die Menschen völlig ihrer Freiheit, Individualität und Spontaneität zu berauben und sie im Sinne ihrer jeweiligen Ideologie zu gefügigen Kreaturen abzurichten. Deshalb sah sie in den Konzentrationslagern den Idealtypus totaler Herrschaft, das Modell für die radikale Unmenschlichkeit des Totalitarismus. In der Tatsache, daß dieses politische Phänomen im 20. Jahrhundert, also nach der Epoche der Aufklärung, möglich geworden war, erblickte sie ein Anzeigen dafür, daß auch in der Gegenwart die Bedrohung des Menschen durch das Totalitäre sich immer wieder ereignen könnte.

Die englischen Politikwissenschaftler Sir Bernard Crick und Margaret Canovan – der letzteren verdanken wir die bisher eingehendste und schlüssigste Interpretation der politischen Theorie Hannah Arendts – sind der Überzeugung, daß dieses Buch über den Totalitarismus das Schlüsselwerk ihrer ganzen, später fortentwickelten politischen Theorie gewesen sei.[21] Trotz des ständigen Nebeneinanders von Wissen und Spekulation sei es von tiefer Leidenschaft und zugleich von kaltblütiger Analyse geprägt. Es war diese eigenartige Mischung von Anteilnahme und Distanz samt den verschiedenen Zugängen zur Erhellung des Problems, die dieses Buch für die Fachwissenschaft teilweise zu einem Ärgernis werden ließ, die aber zugleich erklärt, warum Hannah Arendts politische Theorie des Totalitarismus zu einem geistigen Ereignis wurde, an dem jede tiefergehende Beschäftigung mit diesem neuen Phänomen des Politischen nicht mehr vorübergehen konnte. Ihre Untersuchung des Totalitarismus führte zur Begegnung mit dem Äußersten, dem radikal Bösen, zu dem Menschen fähig geworden waren.

Der totalitären Gefahr setzt sie deshalb die Notwendigkeit oder zumindest die Hoffnung auf eine Wiedergewinnung des wahren, dem Menschlichen zugewandten Politischen entgegen. Gegenüber der totalitären Gleichschaltung und Einebnung der Individualität der Menschen setzt sie auf ein Verständnis von Politik, das von der Pluralität, d. h. der Vielheit und Unterschiedlichkeit der Menschen ausgeht und das zwischen ihnen einen Raum schafft, in dem sie in eigener Verantwortung ihr gemeinsames Leben gestalten. Dies ist der Raum der Politik, der Freiheit und Gemeinsamkeit ermöglicht und dessen Erkundung sie sich in ihren späteren Werken zuwandte.

Margaret Canovan hat die Quintessenz des ersten großen Werkes von Hannah Arendt in folgende Worte gefaßt: »Wenn wir Arendts Theorie des Totalitarismus überblikken, so können wir sehen, daß ihr Denken sich zwischen zwei kontrastierenden Alternativen bewegt, die eine politische Antwort auf das Dilemma der modernen Menschheit zu geben versuchen. Da ist auf der einen Seite, und dies hat der Totalitarismus in extremer Weise vorexerziert, der Versuch der Menschen, ihre eigene Macht zu maximieren und ihre Verantwortung zu minimieren, indem sie sich nicht menschlich verhalten, d. h. ihre Vielheit und Freiheit nicht gegenseitig respektieren … Die andere Alternative ist, daß die Menschen ihre Pluralität, ihre Vielfalt und Verschiedenheit anerkennen, ihre Freiheit, politisch zu handeln und zu denken, respektieren und in gemeinsamer Verantwortung eine Welt zwischen sich aufbauen, in der sie sich selbst gegenseitig Rechte verleihen, und so den Mächten der Natur Grenzen setzen.«[22]

Der Weg zur politischen Denkerin

Die Reaktion der amerikanischen Buchkritik auf Hannah Arendts Totalitarismus-Buch war im großen und ganzen positiv, teilweise sogar enthusiastisch. Es war nicht einfach gewesen, den dicken Wälzer bei einem angesehenen amerikanischen Verlag unterzubringen. Hannah Arendt war es damals auch aus finanziellen Gründen wichtig, publizieren zu können. Sie hatte dafür Sorge getragen, daß wichtige Teile aus ihrem Buch bereits vor dem Erscheinen des ganzen Werkes in verschiedenen Zeitschriften zu lesen waren. In Deutschland hatte ihr der Philosoph, Lehrer und Freund Karl Jaspers den Zugang zur Zeitschrift *Die Wandlung* eröffnet, später kam die aus dem Kongreß für kulturelle Freiheit hervorgegangene Zeitschrift *Der Monat* hinzu. In den USA standen ihr die amerikanischen Zeitschriften *The Partisan Review, Commentary* und *The Review of Politics* nahe. Sie war als historisch-politische Autorin schon ziemlich bekannt, als ihr erstes Buch erschien, das dann rasch zu ihrem Markenzeichen wurde.

Ihr großes Werk hätte sie jedoch nicht schreiben können, wenn sie nicht in der Lage gewesen wäre, ihren Lebensunterhalt anderweitig zu verdienen. Jahrelang war sie als Mitarbeiterin in jüdischen Organisationen tätig. Von 1946 bis 1948, in denen große Teile ihres Buches entstanden, arbeitete sie auch als Lektorin beim jüdischen Verlag Schocken in New York. Sie war von 1949 bis 1952 Geschäftsführerin der »Jewish Cultural Reconstruction«. Im Auftrag dieser Organisation hat sie dann von November 1949 bis März 1950 erstmals nach dem Krieg Europa wieder besucht und sich vor allem in Deutschland aufgehalten. In diese Zeit fällt auch ihr Wiedersehen mit ihren Lehrern Karl Jaspers und Martin Heidegger und vielen anderen Freunden und Bekannten aus ihrer Jugend- und Studienzeit.

Ihre nächsten Forschungen galten der Untersuchung des Totalitarismus in Verbindung mit dem Marxismus. Dieses Thema hatte sie im ersten Buch nur am Rande behandelt, obwohl sie so kühn gewesen war, nicht nur den Nationalsozialismus, sondern auch den Bolschewismus als eine totalitäre Staatsform darzustellen. Das war vor allem von der politischen Linken, welche die Gleichsetzung von Nationalsozialismus und sowjetischem Kommunismus als totalitäre Systeme nicht akzeptieren konnte, massiv kritisiert worden. Mit ihren neuen Forschungen wollte sie diese auch von ihr zunächst eingestandene Lücke schließen; es ist jedoch nicht zur Ausführung dieses Projekts gekommen. Vielmehr wurde Hannah Arendt aus einer Reihe von Gründen veranlaßt, ihre eigene politische Philosophie, die in Ansätzen bereits im Totalitarismus-Buch erkennbar war, eingehender auszuarbeiten und so zu einer eigenständigen politischen Denkerin im engeren Sinne zu werden.

Bei ihrer Untersuchung der Entstehung des Totalitarismus hatte Hannah Arendt festgestellt, daß die Tradition des westlichen politischen Denkens, die ihren Ursprung in Platon und Aristoteles hatte, nicht stark und wirksam genug war, um die Gefahr des Totalitarismus zu bannen. Sie begann sich deshalb zu fragen, was es mit dieser Tradition auf sich hatte, worin sie vielleicht fehlerhaft war und wie es im Totalitarismus so leicht zum radikalen Bruch mit dieser Tradition hatte kommen können. In den Worten Arendts: »Erst die totalitäre Herrschaft als ein Ereignis, das in seiner Beispiellosigkeit mit den überkommenen Kategorien politischen Denkens nicht begriffen, dessen ›Verbrechen‹ mit den traditionellen Maßstäben nicht beurteilt und mit Hilfe bestehender Gesetze nicht adäquat gerichtet und bestraft werden können, hat die in der Überlieferung so lange gesicherte Kontinuität abendländischer Geschichte wirklich durchbrochen. Dieser Traditionsbruch ist heute eine vollendete Tatsache.«[23]

Diese These hat Hannah Arendt oft wiederholt. Für sie war die Erfahrung des Totalitarismus und seines Terrorsystems etwas so Extremes, daß sie auch mit den negativsten historischen Erscheinungen der Vergangenheit wie den Regimen der Tyrannei oder der Diktatur nicht mehr vergleichbar war. Sie zog daraus den Schluß, daß das politische Denken nach diesem Traditionsbruch neu ansetzen müsse. Deshalb suchte sie nach Wegen, wie man ein anderes Verständnis von Politik begründen könnte. Ihre große politisch-theoretische Leistung besteht in der Tat darin, daß sie, ausgehend von ihrem Totalitarismus-Buch, versucht hat, das Wesen und den Sinn der Politik neu zu bestimmen. In ihren verschiedenen Essays der 50er Jahre, die unter dem Titel *Zwischen Vergangenheit und Zukunft* erschienen sind und den Untertitel »Übungen im politischen Denken« tragen, hat sie sich mit der Tradition des politischen Denkens kritisch auseinandergesetzt. Sie hat Denker wie Kierkegaard, Nietzsche und Marx analysiert, die sich im 19. Jahrhundert dieser Tradition entgegengestellt hatten, aber deren negative Wirkungen eher noch verstärkten, als sie zu beheben. In oft sehr schwierig zu lesenden und zu verstehenden Traktaten hat sie eine eigene, neue Theorie der Politik anvisiert. Sie begriff die Erfahrung vom Abbruch und Ende der Tradition politischen Denkens als eine Herausforderung, einen neuen Anfang zu wagen: »Für alle wirklich politischen Fragen hat die Vorstellung von Anfang und Ursprung große Folgen, und diese rühren von der einfachen Tatsache her, daß politisches Handeln, wie alles Handeln, im wesentlichen immer der Anfang von etwas Neuem ist. Als solches ist Handeln, im Verständnis der politischen Wissenschaft, das eigentliche Wesen der menschlichen Freiheit.«[24] In einem Handeln, durch das man einen neuen Anfang setzt, sieht Hannah Arendt die wichtigste der Politik zuzuordnende Fähigkeit des Menschen. Sie ruft dazu auf, »dem Wesen und den Möglichkeiten des Handelns … nachzugehen, … eine Besinnung einzuleiten, deren vielleicht noch in weiter Ferne liegendes Endresultat eine unserer eigenen Zeit und unseren Erfahrungen gemäße Philosophie der Politik sein würde.«[25]

In ihren »Übungen im politischen Denken« aus den 50er Jahren hatte Hannah Arendt unter thematisch so anspruchsvollen Überschriften wie »Natur und Geschichte«, »Verstehen und Politik«, »Kultur und Politik«, »Wahrheit und Politik« die Frage zu umkreisen versucht, wie man, nachdem »geschehen war, was nie hätte geschehen dürfen«, eine positive Antwort auf diese äußerste Bedrohung des Menschseins in der modernen Zivilisation finden könnte. Der Arendt-Kenner Ernst Vollrath hat ihre Bemühungen um eine neue Theorie des Politischen so umschrieben: »Es kann kein Zweifel daran bestehen, daß im Angesicht derjenigen Ereignisse, die dieses Zeitalter kennzeichnen, ein Neubedenken aller politischen Kategorien erforderlich ist. Was Hannah Arendt dabei zur Verfügung stellt, ist einmal die theoretische Unvoreingenommenheit, die ihr ganzes Denken auszeichnet, zum anderen ihr Bestehen darauf, daß die Neuformulierung der Kategorien des Politischen aus einem authentischen Verständnis des Politischen gewonnen werden muß, das sich auf die konkreten Erfahrungen und nicht auf weltlose Spekulation gründet.«[26]

Sieben Jahre nach dem Erscheinen ihres Buches über den Totalitarismus legte Hannah Arendt 1958 ein neues Buch vor, das den prägnanten Titel *The Human Condition* trug. Zwei Jahre später wurde es unter dem Titel *Vita activa oder Vom tätigen Leben* in deutscher Übersetzung herausgebracht. In diese Veröffentlichung von über 300 Seiten gingen viele der Arbeiten ein, die sie in langen Essays vorher publiziert hatte. Fünf Jahre später, 1963, war sie mit ihrem nächsten großen Buch, der Studie über die Revolu-

tion (*On Revolution*) zur Stelle, so daß sie innerhalb eines
Jahrdutzends drei anspruchsvolle und gewichtige Bücher
zur politischen Theorie vorzuweisen hatte, die ihre Reputation begründeten. Diese drei wichtigen Zeugnisse ihres
politischen Denkens und dazu die vielen kleineren Veröffentlichungen dieser Jahre stellen eine so außerordentliche
geistige Leistung in so kurzer Zeit dar, daß daran auch die
akademische Welt der Gelehrten in Philosophie und politischer Theorie nicht länger vorbeigehen konnte. Zugleich
waren diese Arbeiten für die etablierte politische Wissenschaft und Philosophie ihrer Zeit eine Provokation *sui generis* – durch einen nur ihr eigenen, originellen Zugang
zum Verständnis der gegenwärtigen Welt und der historischen Aufarbeitung der Entwicklung und Probleme, die
zu dem labilen Zustand dieser Welt in der Moderne geführt hatten.

Was ist Politik?

Der Verleger Klaus Piper (1911–2000), in dessen Verlag inzwischen fast alle Werke von Hannah Arendt in deutscher Sprache erschienen sind, hatte anläßlich eines Besuches von Hannah Arendt in Deutschland im Herbst des Jahres 1955 dieser vorgeschlagen, sie möchte doch eine »Einführung in die Politik« schreiben. Sie stimmte zu und dachte dabei an eine kürzere Veröffentlichung wie die bekannte *Einführung in die Philosophie* von Karl Jaspers, die ebenfalls im Piper Verlag erschienen war. In einem Brief an den Verleger machte sie deutlich, daß es ihr nicht um eine der üblichen Einführungen in die Politik als Wissenschaft gehe, sondern »um eine Einführung in das, was Politik eigentlich ist und mit welchen Grundbedingungen menschlichen Daseins das Politische zu tun hat«[27]. Es kam ein Jahr später zu einem Vertragsabschluß mit dem Piper Verlag, doch Hannah Arendts »Einführung in die Politik« ist nicht erschienen, weil sie bedauerlicherweise durch andere Projekte in Anspruch genommen wurde. Dennoch läßt sich aus ihren Schriften und insbesondere aus den unter dem

Titel *Was ist Politik?* von Ursula Ludz aus dem Nachlaß herausgegebenen Schriften ermitteln, was Hannah Arendt unter Politik verstanden wissen wollte. Es war in der Tat ein völlig anderes, vom Mainstream der politischen Theorie abweichendes Verständnis von Politik, das sie in ihren Texten entwickelte, und es ist vor allem dieser Aspekt ihres Werkes, der ihre Originalität als politische Denkerin ausmacht.

Hannah Arendts Frage nach dem positiven Sinn des Politischen geht von zwei Grunderfahrungen unseres Jahrhunderts aus, die diesen Sinn verdunkelt, ja in sein Gegenteil verkehrt haben: von der Entstehung totalitärer Systeme in Gestalt des Nationalsozialismus und des Kommunismus und von der Tatsache, daß die Politik heute, in Gestalt der Atombombe, über die Technik verfügt, die Menschheit und damit jede Art von Politik auszulöschen. Die Erfahrungen, so notiert sie, die wir in unserem Zeitalter mit der Politik gemacht haben, waren und sind so unheilvoll, daß sie einen am Sinn der Politik überhaupt zweifeln, ja verzweifeln lassen. »Kriege und Revolutionen, nicht das Funktionieren parlamentarischer Regierungen und demokratischer Parteiapparate, bilden die politischen Grunderfahrungen unseres Jahrhunderts.«[28]

Totalitäre Systeme sind die äußerste Form der Denaturierung des Politischen, weil sie die menschliche Freiheit total abschaffen, sie dem Zwang einer ideologisch begründeten geschichtlichen Bestimmung unterwerfen, gegen die mittels Terror und Herrschaft der Ideologie jeder Widerstand unmöglich gemacht wird. Vor diesem Hintergrund erinnert Hannah Arendt in immer neuen Anläufen an die erstmals in der griechischen Polis historisch zutage getretene Idee des Politischen, die mit Freiheit identisch ist. Ferner konstatiert sie: »Politik beruht auf der Tatsache der Pluralität der Menschen«, also darauf, daß sie das Zusammensein von Verschiedenen, die sich als Gleiche begegnen, zu organisieren und zu regeln hat. In Abhebung von der allgemein üblichen Interpretation des Menschen als eines *zoon politikon* (Aristoteles), derzufolge das Politische im Menschen selbst angelegt sei, betont Arendt, daß Politik nicht *im* Menschen, sondern *zwischen* den Menschen entsteht, daß Freiheit und Spontaneität der unterschiedlichen Menschen notwendige Voraussetzungen für die Entstehung eines zwischenmenschlichen Raumes sind, in dem Politik, wahre Politik, erst möglich wird. »Der Sinn von Politik ist Freiheit.«

Trotz der Unheil-Erfahrungen, die der moderne Mensch mit dem Politischen gemacht hat, glaubt Arendt daran, daß »der Mensch selbst offenbar auf eine höchst wunderbare und geheimnisvolle Weise dazu begabt ist, Wunder zu tun«, nämlich: Er kann handeln, Initiativen ergreifen, einen neuen Anfang setzen. »Das Wunder der Freiheit liegt in diesem Anfangen-Können beschlossen, das seinerseits wiederum in dem Faktum beschlossen liegt, daß jeder Mensch, sofern er durch Geburt in die Welt gekommen ist, die vor ihm da war und nach ihm weitergeht, selber ein neuer Anfang ist.«[29]

Das Politikverständnis, für das Hannah Arendt uns die Augen öffnen will und das sie mit den Ideen der menschlichen Freiheit und Spontaneität verbindet, für die ein Raum der Entfaltung, also ein Ort der Politik, da sein muß, steht hoch über dem landläufigen, eher bürokratischen Verständnis des Politischen, das allein auf Herrschaft, auf die Formen der Organisation und Sicherung des Lebens der Menschen abhebt. Ihre Idee des Politischen ist zwar geboren aus der Erinnerung an die vergangene griechische Polis, doch gleichwohl immer wieder neu realisierbar. Politik in diesem wahren Sinne ist historisch selten anzutreffen, sie erscheint »in wenigen großen Glücksfällen der Geschichte«, die aber deshalb entscheidend sind, weil in ihnen der Sinn von Politik voll in Erscheinung tritt und in der Geschichte fortwirkt. Auch die heutige Politik ist auf diese Erinnerung und Vergegenwärtigung ihres wahren Sinnes angewiesen, wenn sie frei und menschlich bleiben will.

Das Unheil der Politik im 20. Jahrhundert liegt nicht nur darin, daß totalitäre Regime aufgetreten sind, welche die Freiheit als Wesensmerkmal des Politischen ganz ausgelöscht haben. Ihr Auftreten hat vielmehr dazu geführt, daß auch die politischen Systeme, die beanspruchen, freiheitlich zu sein, in der Gefahr stehen, von der totalitären Versuchung verführt zu werden. »Ist ein Prinzip von solcher Tragweite ... aber erst einmal in die Welt gekommen, so ist es nahezu unmöglich, es zu begrenzen.« Darum kann man sich heute mit dem historischen Verschwinden des Faschismus und Kommunismus nicht einfach beruhigen, sondern muß sich bewußt bleiben, daß die Einschränkung der Freiheit, Unterdrückung menschlicher Spontaneität und die Korrumpierung der Macht durch Gewalt den freiheitlichen Systemen als ständige Gefahr drohen.

Hannah Arendts hohes Politikverständnis bleibt darum auch nach dem Untergang der einst mächtigen totalitären Systeme aktuell und bedenkenswert.

Hannah Arendt war sich bewußt, daß sie mit ihrer neuartigen Bestimmung des Sinns und der Idee von Politik eine Außenseiterin war, welche die akademische Zunft der politischen Theoretiker nicht ganz ernst nehmen konnte oder wollte. Sie kannte sehr wohl die üblichen Rechtfertigungen der Politik, die herrschende Meinung, daß Politik als Machtausübung eine unabweisbare Notwendigkeit des sozialen Lebens sei. Wenn man Politik so umfassend verstehe, dann hätten wir es immer und überall mit Politik zu tun, wo »Menschen überhaupt in einem geschichtlich-zivilisatorischen Sinne zusammenleben«. Hannah Arendt hält diese Allgegenwart des Politischen für eine Entgleisung. Denn wenn sie an Politik denkt, meint sie nicht Machtausübung, sondern ihr Gegenteil: Freiheit.

Sie, die sich in der griechischen politischen Philosophie bestens auskannte, versteht die Idee der Polis so, daß der Mensch fähig und begabt sei, in einer Polis zu leben. Die Polis, von der sich unser Wort Politik herleitet, stellt die höchste Form menschlichen Zusammenlebens dar. Daraus folgt: »Politik ... ist keineswegs eine Selbstverständlichkeit und findet sich keineswegs überall, wo Menschen zusammenleben.« Das auszeichnende Merkmal des Zusammenlebens in einer griechischen Polis war die Freiheit. Politik und Freiheit sind – wie die Philosophin betont – in gewissem Sinne ein und dasselbe. So leitet sie die für ihr Politikverständnis zentrale These her, Politik und Freiheit gehörten zusammen: »Der Sinn des Politischen hier [in der Polis], aber nicht sein Zweck, ist, daß Menschen in Freiheit, jenseits von Gewalt, Zwang und Herrschaft, miteinander verkehren, Gleiche mit Gleichen, die … alle Angelegenheiten durch das Miteinander-Reden und das gegenseitige Sich-Überzeugen regelten.«[30] Hannah Arendt erinnert deshalb an die griechische Polis, weil sie dem herrschenden Vorurteil entgegentreten will, daß es Politik als Herrschaft immer gegeben habe und diese eine unabweisbare Notwendigkeit darstelle. Politik in ihrem Sinne, nämlich so, wie sie in der griechischen Polis in ihren besten Zeiten Praxis war, ist also, historisch gesehen, eher die Ausnahme als die Regel, aber das ist kein Einwand gegen diese Idee von Politik.

Der deutsche Politikwissenschaftler Dolf Sternberger, der anregende Beziehungen mit ihr unterhielt, hat Hannah Arendts Hochachtung der Polis gepriesen: »Niemand hat in unseren Tagen die Idee der antiken Polis so entschieden ergriffen und so hell leuchten gemacht wie Hannah Arendt.« Er würdigt sie auch als politische Theoretikerin: »… sie hat das Wesen der Staatsgründung, das Wesen des freien Verfassungslebens, das Wesen der Revolution zu erkennen, in Begriffe zu fassen, der Wirrnis der Geschichte und dem Labyrinth der Erfahrungen zu entreißen unternommen – und so ist sie Philosophin geblieben. Das ungefähr ist es, was ihr vor allem verdankt wird. Ihr Name bezeichnet eine ebenso radikale wie originale Erneuerung der politischen Philosophie, nämlich des Begriffs, der Vorstellung, des Ethos und des Pathos des Politischen.«[31]

Wir haben es bei Hannah Arendt mit einem gehobenen, außergewöhnlichen Verständnis des Politischen zu tun. Sie wurde gröblich mißverstanden, als man ihr vorwarf, sie betreibe so etwas wie eine Erneuerung der griechischen Polis unter modernen Verhältnissen, die sich indes gerade nicht für eine solche Bestrebung eignen. Immer wieder ist daran zu erinnern, daß Hannah Arendt ausgegangen war von der Erfahrung, daß in den totalitären Systemen das Politische als Handeln in Freiheit total zerstört worden war. Sie sah ihre Aufgabe als politische Theoretikerin nicht nur in der Aufdeckung und Deutung der Vorgänge, die zu diesem ungeheuerlichen Ergebnis in der Geschichte der Menschheit geführt hatten, sondern in der Erarbeitung einer heilenden Gegenposition, die dazu verhelfen sollte, den in der Entwicklung der Moderne zutage getretenen Gefahren und Bedrohungen durch begründete Einsichten und ein angemessenes Verhalten (= Handeln) zu begegnen.

Es waren zwei grundlegende theoretische Positionen, die ihren beherzten Versuch, dem richtig verstandenen Politischen wieder einen Raum in unserer Welt zu eröffnen, zugrunde lagen. Die erste war die nicht zu bestreitende, von der Philosophie, Theologie und Psychologie jedoch oft übersehene Tatsache, daß wir es in der Wirklichkeit nicht mit *dem* Menschen im Singular, sondern *den* Menschen im Plural zu tun haben. Nur wenn wir die Tatsache der Pluralität auch in unseren theoretischen Überlegungen ernstnehmen, kommen wir zu Ergebnissen, die den Menschen gemäß sind. Die zweite nachhaltige Überzeugung war ihr Glaube, daß Politik und Freiheit einander bedingen, daß sie zusammengehören und zu diesem Behuf einen Raum brauchen, in dem die Menschen frei miteinander reden und miteinander handeln können. In den Worten von Margaret Canovan: »Für Hannah Arendt war Gewißheit in der Theorie und Praxis der Politik besonders wichtig. Dank der Erfahrungen ihrer Zeit war sie überzeugt, daß die einzig möglichen Lösungen für die schweren Probleme der modernen Welt politische Lösungen sein müßten. Angesichts der ungehemmten Modernisierung und der Produktion von Massenvernichtungsmitteln, angesichts des Zusammenbruchs von Tradition und Autorität, angesichts des Verlustes aller Maßstäbe und der Bedrohung durch den Nihilismus glaubte sie, daß, wenn überhaupt Antworten auf diese Probleme gefunden werden könnten, sie nur in der politischen Fähigkeit des Menschen zu finden sein würden, in seiner Befähigung zur Politik. Als Menschen haben wir die Gabe der Eigeninitiative und Pluralität, deshalb sind wir in der Lage, zwischen uns einen Raum zu gestalten, in dem eine humane Welt entstehen kann. Durch Vereinbarungen miteinander können wir innerhalb dieses Raumes Macht und Autorität entfalten, wir können uns gegenseitig Rechte verleihen und so ein gewisses Maß an Stabilität erreichen, um unser sterbliches Leben zu schützen. In anderen Worten: es ist allein die Politik, welche uns die Möglichkeit gibt, eine gesetzlose Wüste menschlich zu gestalten.«[32]

Vom tätigen Leben

Hannah Arendt hat ihren Lesern von Anfang an ziemlich viel zugemutet. Ihr schwieriges Buch über den Totalitarismus hat sich vor allem deshalb durchsetzen können, weil es ein origineller und kenntnisreich argumentierender Beitrag zu einem historischen Phänomen war, das in die Gegenwart hineinragte. Sieben Jahre nach der Veröffentlichung dieses Buches legte sie einen neuen Text vor mit dem Neugier weckenden Titel *The Human Condition* (Chicago 1958). Die deutsche Ausgabe, die 1960 unter dem Titel *Vita activa oder Vom tätigen Leben* erschien, hat als Taschenbuch (1981) nahezu 500 Seiten, ist also auch vom Umfang her ein gewichtiges Werk. Diese Arbeit ist teilweise aus der intensiven Beschäftigung Hannah Arendts mit Karl Marx und dem Marxismus entstanden, dank derer sie die in ihrem ersten Buch nicht näher behandelte Vorgeschichte des kommunistischen Totalitarismus ergründen wollte. Es kam dann nicht zu der geplanten Veröffentlichung, wohl aber zu einer Erweiterung der Thematik mit dem ehrgeizigen Ziel, die Situation des Menschen in der

Moderne zu bestimmen. Man hat diese große theoretische Abhandlung über die *Vita activa* vielfach als den Haupttext ihrer politischen Theorie gelesen und entsprechend interpretiert. Die eingehendere Beschäftigung mit ihrem Werk, die inzwischen stattgefunden hat, macht jedoch deutlich, daß dieses selbständig und abgeschlossen erscheinende Werk Hannah Arendts aus ihrer Beschäftigung mit dem Totalitarismus und aus theoretischen Erklärungen erwachsen ist, die sie schon in ihrem ersten großen Buch verwendet hat. Dort stellte sie fest, daß der Totalitarismus zur totalen Zerstörung alles menschlichen Zusammenlebens geführt hatte, weil in der totalen Herrschaft »alles möglich« geworden war. Daraus ergab sich die für Gegenwart wie Zukunft wichtige Frage, welche Möglichkeiten dem Menschen in der modernen Welt noch verblieben sind, um die totalitäre Verirrung abzuwehren, ja unmöglich zu machen.

In ihrem ersten Buch hatte sie zu zeigen versucht, wie die totalitäre Herrschaftsform möglich geworden war und welche Elemente dabei wirksam waren. Da sie nicht nur die Schrecken der totalen Herrschaft, sondern deren äußerste, unmenschliche Zuspitzung bei der Vernichtung der europäischen Juden als Zeitzeuge selbst erfahren hatte, ging es Hannah Arendt im darauffolgenden Buch darum, herauszuarbeiten, welche Bedingungen erfüllt sein müßten, um eine humane Menschenwelt zu verwirklichen und dauerhaft zu gestalten. Es handelt sich in weiten Teilen um eine Auseinandersetzung mit der Geschichte des politischen Denkens von Platon bis Marx, die Hannah Arendt im Verdacht hat, das Wesen und den Sinn des Politischen

Vita activa, *Ausgabe von 1967*

unzureichend verstanden zu haben. So erklärt sich ihr Bemühen, dieser angeblich einseitigen Tradition politischen Denkens eine eigene Theorie des Politischen entgegenzusetzen, eine Theorie, in der nicht das Sein des Menschen im Singular, sondern das Handeln der Menschen im Plural im Mittelpunkt steht.

Es ist nicht nur ein umfangreiches, sondern auch keineswegs einfach zu lesendes und zu interpretierendes Werk. Man lese nur einige der vielen Kurzfassungen, wie sie sich in den zahlreichen Darstellungen über Arendts politische

Theorie finden, um festzustellen, daß es keine vorherrschende und klare Deutung dieses Werkes gibt. Das hat vor allem damit zu tun, daß diese politische Denkerin sich auf keine bestimmte Methode festlegen läßt, daß sie keine systematische Theorie des Politischen vorlegt, wie man sie aus den üblichen politik-philosophischen Traktaten kennt, sondern Bausteine für eine andere Sicht des Politischen zusammenträgt, welche geeignet erscheinen, die Einseitigkeit der politischen Philosophie, die von Platon ihren Ausgang nimmt, zu korrigieren.

Hannah Arendt war so kühn zu behaupten, daß das Verständnis von Politik, das sich seit Platon und Aristoteles zu einer Tradition im abendländischen Denken entwickelt hatte, von Anfang an nicht tiefgehend genug gewesen sei. Sie stellte fest, daß bei allen großen philosophischen Denkern das Nachdenken über Politik nur von sekundärer Bedeutung gewesen sei. Es bestehe ein deutlicher Rangunterschied zwischen den großen philosophischen Traktaten dieser Denker und ihren Schriften über die Politik. Die Politik erreiche nie die gleiche Tiefe. Arendt hält auch die von Aristoteles geprägte Formel, der Mensch sei ein *zoon politikon*, ein politisches Wesen, die seither zur Tradition politischen Denkens im Abendland gehört, für irreführend. Im Menschen, so führt sie aus, gäbe es nichts Politisches, das zu seinem Wesen gehöre, vielmehr sei das Politische etwas außerhalb des einzelnen Menschen, das dadurch entstehe, daß eine Pluralität von Menschen miteinander in Beziehung trete. So versteht Arendt Politik als etwas, das zwischen Menschen in ihrer Vielfalt und Verschiedenartigkeit sich ereignet, aber nicht im Menschen selber angelegt ist. Immer wieder macht sie in ihren Schriften der Tradition des politischen Denkens den Vorwurf, es habe sich einseitig mit *dem* Menschen als Abstraktum beschäftigt und nicht genügend zur Kenntnis genommen, daß man es immer mit einer Pluralität, also mit vielen konkreten Menschen zu tun habe, wenn man Politik richtig verstehen will. Diese einseitige Tradition politischen Denkens habe sich in der Geschichte bis ins 19. Jahrhundert behauptet. In diesem Jahrhundert traten erstmals protestierende kritische Denker wie Marx, Kierkegaard und Nietzsche auf den Plan, die versuchten, ihr Denken als eine Überwindung der metaphysischen abendländischen Tradition auszugeben. Diese Kritiker jedoch – wie Hannah Arendt vor allem am Beispiel von Karl Marx gezeigt hat – scheiterten, weil sie innerhalb der Begrifflichkeit des traditionellen philosophischen Denkens verblieben.

Mit dem Totalitarismus hatte die abendländische Tradition ihren äußersten Tiefpunkt erreicht, weil sie nicht die Kraft hatte, sein Aufkommen zu verhindern. Für Hannah Arendt war gerade dies ein Motiv dafür, ein Verständnis von Politik zu erarbeiten, das nicht mehr in der abendländischen Tradition politischen Denkens seit Platon stand. Hannah Arendts Buch über die *Vita activa* ist der Versuch, angesichts der Krise der modernen Welt, wie sie im Totalitarismus in ihrer äußersten Radikalität sichtbar geworden war, über eine Politik für die Menschen nachzudenken. Die Originalität dieses politischen Denkens liegt in dem Bemühen, dem einseitigen abendländischen Verständnis des Politischen als einem reinen Herrschaftsverhältnis ein andersartiges Verständnis von Politik entgegenzusetzen.

Arendt verlegt dabei das Politische nicht in das Wesen des Menschen, sondern in das Handeln, in den Raum *zwischen* den Menschen: »Für Arendt offenbart sich unsere Menschlichkeit vor allem in den verschiedenen Modalitäten des Handelns, nicht im Sein, sondern im Tun. Die Arendtsche politische Anthropologie hat zum Ziel, die wesentlichen menschlichen Tätigkeiten zu beschreiben, und zwar nach den zeitlichen und räumlichen Gegebenheiten, die zu ihnen gehören.« Dieses Projekt Hannah Arendts, so der jüngste französische Interpret ihres Werkes, Jean-Claude Poizat[33], sei extrem ehrgeizig, denn es wolle nichts weniger als den Versuch wagen, die Philosophie und die Politik miteinander zu versöhnen, indem sie ein neues Verständnis von Politik entwickelt. Dies ist, neben den anderen Themen, die in diesem langen Text behandelt werden, ein wichtiger Teil des Buches über die *Vita activa*. Die englische Politiktheoretikerin Margaret Canovan hat in einer eingehenden Untersuchung dieses Werkes gezeigt, daß es keineswegs die komplett ausgearbeitete und gewissermaßen definitive politische Theorie Hannah Arendts enthalte. Vielmehr handle es sich bei diesem Buch um eine eingehende Untersuchung all jener menschlichen Tätigkeiten, die mit Politik in ihrem Sinne zu tun haben und in dieser Hinsicht von der Tradition nicht genügend beachtet worden seien.

Hannah Arendt beginnt ihr Buch über die *Vita activa* mit der Unterscheidung von drei Arten des Tätigseins, als da sind: Arbeiten, Herstellen und Handeln, im Englischen: *labour, work* und *action*. Unter *Arbeiten* versteht sie alles Tun, das für die Erhaltung des Lebens notwendig ist. Arbeit dient dem Konsum. Sie wird gesteuert von den Notwendigkeiten des Lebens und erschöpft sich darin. Aus der Welt der Griechen bezieht sie das Beispiel, daß Arbeit im privaten Raum des Hauses durch Sklaven verrichtet wurde; sie waren also die Voraussetzung dafür, daß sich die Herren des Hauses dem Handeln in der Öffentlichkeit der Polis widmen konnten. Daraus folgt für uns Heutige: Eine Welt, die sich nur mit Arbeiten und der Befriedigung materieller Bedürfnisse begnügt, hat kein Ziel und keine Entfaltungsmöglichkeit zu Höherem. Wir brauchen die Arbeit zwar zur Lebenserhaltung, aber sie kann nicht der Sinn des Lebens sein.

Anders verhält es sich mit dem *Herstellen*, der zweiten Gestalt des Tätigseins. Sie schafft Gegenstände, die dauerhafterer Natur sind: Produkte des Handwerks, der generationenübergreifenden Lebenssicherung wie Gebäude und Infrastrukturen, aber nicht zuletzt auch die Werke der Kunst. Das Herstellen hat ein Ziel, es folgt einem Muster oder einem Modell. Es ist auf die Verwirklichung des Ziels gerichtet, also instrumentell. Sein Schöpfer ist der *homo faber*. Aber auch seine Leistung für die Schaffung einer humanen Welt ist begrenzt, weil auch die Gegenstände sich mit der Zeit verbrauchen und nicht mehr sind als bloß nützlich.

Die höchste, für die Bildung einer humanen Welt ganz unverzichtbare Tätigkeit ist jedoch das *Handeln*. Handeln vollzieht sich in einem öffentlichen Raum, in dem eine Pluralität von Menschen frei miteinander verkehrt und in öffentlicher Rede und Widerrede um das Wohl ihrer Gemeinschaft besorgt und bemüht ist. Handeln ist also nicht nur die wichtigste, sondern auch die höchste Art menschlicher Tätigkeit. Handeln ist in seinen Ergebnissen nicht vorausberechenbar, denn es ist spontan und frei. Mit der Geburt eines jeden Menschen ergibt sich die Chance für einen Neuanfang. Darum gilt es, diesem freien Handeln möglichst weite Geltung in einem Gemeinwesen zu verschaffen. In der griechischen Polis *vor* Platon sah Hannah Arendt ihr Ideal der Politik, das auf Sprechen und öffentlichem Handeln für das Gemeinwohl beruht, am ehesten verwirklicht. Ihr sympathischer Blick auf diese Polis dient in der Moderne nicht als Aufforderung zur Nachahmung, die unmöglich wäre, sondern als ein Beispiel, wie politisches Handeln in Freiheit immer wieder als eine Chance ergriffen werden kann.

Allerdings dienen viele Kapitel in *Vita activa* dem Nachweis, daß unter den ökonomischen und sozialen Bedingungen der Moderne die Politik Gefahr läuft, ihrer Freiheit und ihres Sinns als konstruktives Zusammenwirken einer Pluralität von Menschen verlustig zu gehen, bis hin zur Zerstörung aller Politik in den totalitären Systemen. Auch in unserer Gegenwart droht die Gefahr, die Politik einseitig auf Arbeit und Konsum, die niedrigsten aller Tätigkeiten, auszurichten. Und schon immer gehörte es zu den Charakteristika der Machtausübung, durch Politik etwas herstellen = machen zu wollen – den starken Staat oder den wahren Staat zum Beispiel – und so das Handeln, das doch frei und schöpferisch sein soll, auf ein feststehendes Ziel auszurichten. Wenn es im technischen Staat der Moderne vor allem die Experten sind, die den Gang der Politik bestimmen sollen, dann ist für Hannah Arendt ein

Zustand erreicht, in dem das Freie und Unberechenbare, das wahre Politik auszeichnet, sich längst verflüchtigt hat. Darum zeichnet sie die Entwicklung der modernen Gesellschaft als einen Prozeß der Weltentfremdung. Dementsprechend ist unserer gegenwärtigen Welt auch der Sinn von Politik als Freiheit und Spontaneität weithin verlorengegangen. Ihn wieder zu entdecken und zu erneuern ist ihre Absicht und ihr Verdienst.

Vom Ideal der Revolution

Fünf Jahre nach der Veröffentlichung ihres Hauptwerkes zur politischen Theorie erschien ein weiteres, relativ umfangreiches Buch Hannah Arendts mit dem Titel *On Revolution*, über die Revolution. Damit wandte sie sich – wie schon bei ihrem ersten Buch über den Totalitarismus – einem historischen Gegenstand zu. Dabei geht es ihr nicht wie den konventionellen Historikern primär um eine Darstellung des historischen Verlaufs bestimmter Revolutionen, sondern um die Gewinnung eines Idealtyps der Revolution, der für Hannah Arendt zwingend mit der Idee der Freiheit und der Gründung und Gestaltung eines neuen politischen Systems verbunden ist, das in und aus Freiheit lebt, der Republik.

Unter diesem Gesichtspunkt behandelt sie ausführlich »die beiden großen Revolutionen am Ende des 18. Jahrhunderts«, die amerikanische Revolution sowie die französische, die sich zu ihrem Leidwesen historisch für Europa viel stärker ausgewirkt habe als die amerikanische. Verständlicherweise hat sie mit ihrer positiven Bewertung der amerikanischen Revolution als einer gewaltfreien Errichtung eines republikanischen Systems der Freiheit in den Vereinigten Staaten, ihrer neuen Heimat, viel Zustimmung geerntet. Ihr Umgang mit den historischen Fakten jedoch und ihre weitgehende Vernachlässigung der sozialen Ursachen für die Revolution haben vor der historischen und sozialen Wissenschaft wenig Gnade gefunden. So hebt der britische Historiker Eric J. Hobsbawm sehr wohl gewisse Verdienste Hannah Arendts hervor, betont ihre große Intelligenz und Belesenheit und die Kraft zu gelegentlich durchdringenden Einsichten, kommt jedoch zu dem strengen Schluß, ihr Buch sei für die modernen Sozialwissenschaften wenig ergiebig.[34]

Das revolutionäre Geschehen zerfällt nach Hannah Arendt in zwei Phasen. Zuerst erfolgt die durch Widerstand und oft mit Gewalt herbeigeführte Ablösung der alten Ordnung, also des *ancien régime*, von dem es befreien will. Die zweite Phase – und darauf kommt es ihr ganz wesentlich an – ist ein radikaler Neubeginn, durch den aus dem revolutionären Akt der Befreiung ein System der Freiheit, das Dauer gewinnen kann, entstehen soll. Arendt will zeigen, daß diese Schaffung eines republikanischen Systems der Freiheit in der amerikanischen Revolution gelungen ist, während die französische Revolution, die zunächst ebenfalls auf Freiheit gerichtet war, dieses Ziel verfehlte und sogar zeitweilig in eine Herrschaft des Terrors umschlug. Für diese, den Freiheitscharakter der französischen Revolution entstellende Entwicklung hat Hannah Arendt eine interessante Erklärung: Sie habe sich nicht beschränkt auf den Bereich des Politischen, der mit

Freiheit identisch ist, sondern zugleich eine Antwort auf die sozialen und ökonomischen Probleme der Zeit zu geben versucht. Der Primat des Ökonomisch-Sozialen über das Politische habe in der französischen Revolution zur Entfesselung der Gewalt mit allen negativen Folgen für die Errichtung eines politischen Systems der Freiheit geführt.

In ihrem Buch über die Revolution erweitert Arendt die Grundposition ihrer politischen Theorie durch die Anwendung auf jene großen historischen Vorgänge, in denen die Freiheit eine Chance hat, sich zu einer politischen Ordnung zu verfestigen. Revolutionen können vor ihren Augen nur bestehen, wenn sie einer republikanischen Ordnung der Freiheit dienlich sind. Am Beispiel der amerikanischen Revolution versucht sie zu zeigen, daß es zur Errichtung einer freien Ordnung auch ohne das Mittel der Gewalt kommen kann. Es muß nicht, wie bei den anderen großen Revolutionen, der französischen und russischen, zum Einsatz von Gewalt kommen, wenn die Revolution gelingen soll. Vielmehr ist es geboten, große politische Umwälzungen durch Vereinbarungen zwischen freien Menschen hervorzubringen. Dies war in Amerika der Fall, das von bedeutenden Männern als Republik geschaffen wurde. An diesen Maßstäben hat sie dann die spätere amerikanische Geschichte gemessen, die sich zu ihrem Kummer von den Ideen und der Praxis bei der Gründung der Vereinigten Staaten von Amerika immer weiter entfernte.

Über die Revolution, *Ausgabe von 1965*

Hannah Arendt hat einen Idealtypus der Revolution ent-
worfen, bei dem das zu schaffende Neue die Freiheit vor-
anbringen und mit stabilen Institutionen absichern sollte.
Sie bewunderte die ungarische Revolution von 1956, die
ein gewaltfreier Aufstand gegen das Sowjet-System war,
obwohl dieser am Ende von sowjetischen Panzern nieder-
gewalzt wurde. In ihr sei das Wesen der Politik, durch gemeinsames Handeln Freiheit zu erringen, eindrucksvoll in
Erscheinung getreten. Doch ihr Urteil über das Ergebnis
der großen historischen Revolutionen war eher skeptisch
und traurig – die französische und die russische Revolu-

tion endeten in Gewaltherrschaft, die gepriesene ameri-
kanische Republikgründung verlor ihren freiheitlichen
Schwung und drängte das freie Handeln der Bürger mehr
und mehr in den Hintergrund. Der Citoyen war fast über-
all zum Bourgeois, zum Besitzindividualisten geworden.
Die Politik, wie Arendt sie sich vorstellte, war von den
Mächten des materiellen Interesses und des zweckhaften
Machens vertrieben worden. Es herrschten nur mehr vom
Volk sich entfernende Parteien mit ihren Bürokratien.

Es kann daher nicht überraschen, daß Hannah Arendt
dem politischen Phänomen der Räte, der Versammlung
von Bürgern aus verschiedenen sozialen Schichten, die in
einer Situation des Umbruchs und der staatlichen Ohn-
macht etwas Neues beginnen und schaffen wollen, viel
Sympathie entgegenbrachte. In den Räten hatte Politik,
wie sie sie verstand, zumindest vorübergehend eine Chance.
Das Rätesystem, schrieb sie, sei aus dem Geist der echten
Revolution hervorgegangen. In ihm gibt es spontanes
Handeln im Zusammenwirken mit anderen, eine Erfahrung von Politik als Freiheit, eine Unabhängigkeit von
allen Bindungen und Ideologien. Zwar ist auch ihr Räte-
gedanke zu positiv ausgestaltet, aber er läßt sich, über
die oft mißratenen historischen Beispiele hinaus, fortent-
wickeln zu einem Vorbild für politisches Engagement in
der Demokratie. Es sollen diejenigen sich zusammenfin-
den und zusammentun, die ein von Interessen und Ab-
hängigkeiten freies Wirken für das Gemeinwohl anstre-
ben und handelnd zu verwirklichen suchen. Dies wäre
eine Gegeninstanz zur von den Parteien gelenkten Mas-
sendemokratie. An einer Stelle in ihrem Buch über die Re-

volution geht sie sogar so weit festzustellen: »Nur wer an der Welt wirklich interessiert ist, sollte eine Stimme haben im Gang der Welt.«[35] Leider läßt sich das in Demokratien mit ihrem allgemeinen Wahlrecht nicht praktizieren. Aber ist es nicht ein schöner Gedanke?

Denken ohne Geländer

In einer Diskussion mit Freunden und prominenten Kollegen der Politikwissenschaft in den USA, die im November 1972 im kanadischen Toronto stattfand, antwortete Hannah Arendt auf die Feststellung eines Kollegen, der ihr Denken als »groundless«, bodenlos, gekennzeichnet hatte, mit der Charakterisierung ihres Denkens als »thinking without bannister«, als ein Denken ohne Geländer. Ein Geländer gibt Halt und Sicherheit beim Gehen auf einer Treppe. Sie behauptet jedoch: »Dieses Geländer ist uns abhanden gekommen. So verständige ich mich mit mir selbst. Und Denken ohne Geländer, das ist es in der Tat, was ich zu tun versuche.«[36] Es gibt eine stark verkürzte Wiedergabe der Diskussionen und Gespräche in Toronto, die in dem von Ursula Ludz herausgegebenen Arendt-Band *Ich will verstehen* nachzulesen ist. Sie ist aufschlußreich für die Sonderstellung, die Hannah Arendt in der politischen Theorie des Westens im 20. Jahrhundert einnimmt.

Auf dieser Konferenz erläutert sie ihre überraschende Auffassung vom Denken. Sie erklärt den vor ihr sitzenden

»Denkern von Gewerbe« (Kant), darunter einigen Kory-
phäen der politischen Theorie, jedes menschliche Wesen
habe ein Bedürfnis zu denken; während es lebe, tue es
nichts anderes als denken. Es sei sogar erfreulich, daß die
professoralen Denker und die Intellektuellen nicht mehr
das Monopol darauf besäßen, denn sie könnten schreck-
lich irren. Hannah Arendt legt in dieser Diskussion Wert
darauf, zwischen Denken und Handeln zu unterscheiden.
Daraufhin fragt sie einer der damals prominenten Theoretiker der Politik, Prof. Macpherson: »Will Frau Arendt
wirklich sagen, daß man sich als politischer Theoretiker
nicht auch politisch engagieren kann?« Sie antwortet mit
einer ihrer gewohnten Unterscheidungen, hier der zwischen Denken und Handeln, die sich gegenseitig ausschließen, und fügt hinzu: »In dem Maße, in dem ich zu
denken wünsche, habe ich mich aus der Welt zurückzuzie-
hen.« Eine wahrlich überraschende Aussage von einem
politischen Theoretiker, der durch seine Erkenntnisse die
Welt der Politik doch durchaus beeinflussen will. Ebensowenig hilfreich ist für den engagierten politischen Denker
auch Arendts Überzeugung, es gäbe keinen Einfluß der
politischen Theorie auf das Handeln, welches immer nur
in Gemeinschaft mit anderen geschehen könne. Den Kollegen Macpherson, dem daran gelegen war, durch seine
Theorien die Demokratie zu verbessern, konnte sie nicht
überzeugen. Auch nicht den anderen, als links geltenden
Kollegen Christian Bay, der an ihrem Werk »einen gewissen Mangel« entdeckt hatte, nämlich daß Hannah Arendt
die modernen Probleme nicht genügend ernst nehme. Außer den Aufsätzen zu aktuellen Problemen, wie z. B. dem

über den zivilen Ungehorsam, findet sich in ihren Werken in der Tat fast nichts, das dazu beitragen könnte, »die drängenden existentiellen Probleme, denen wir uns stellen müssen, zu lösen«. Hannah Arendt hielt nicht viel von solchem Engagement. »Ich glaube nicht, daß wir viel Einfluß in Ihrem Sinne haben oder haben können. Ich denke, daß Engagement Sie leicht an einen Punkt tragen kann, dem Sie nicht mehr denken.« Das war wie eine Ohrfeige für engagierte Politologen – aber welchen Sinn macht es zu denken, wenn es nichts bewirkt? Für Hannah Arendt ist Denken natürlich wichtig, doch es ist ein Denken, das von Erfahrungen ausgeht und nicht durch Theorien oder persönlichen Einsatz ersetzt werden kann.

Wie schwer viele ihrer Fachkollegen von der politischen Theorie sich mit Hannah Arendts Denkstil und ihrer Begrifflichkeit taten, wird aus den Bemerkungen eines Kollegen deutlich, der von ihr sagte, sie definiere viele ihrer Schlüsselbegriffe wie z. B. Macht und Gewalt oder das Soziale und das Politische »auf eine Weise, die nur für sie selbst gilt«. Dieses Verfahren sei merkwürdig, denn damit lege sie Wörter, die mehr als eine Bedeutung haben, auf eine besondere Definition fest, wähle diese dann als Ausgangspunkt und gelange so zu verblüffenden, ja paradoxen Schlußfolgerungen. Arendt, die mit dieser Methode zweifellos auch Verwirrung stiftete, antwortete, sie schaue bei ihrer Begriffsbildung auf die »aufschließende Qualität«, die stets einen geschichtlichen Hintergrund habe. Doch was ist das für eine Qualität, und sind wir mit ihrer Hilfe so viel klüger?

Ein großer Teil der Debatte von Toronto galt einem wichtigen Problem, das sich ebenfalls aus Arendts eigenwilliger

Begriffsbildung ergab, nämlich ihrer strengen Unterscheidung von sozialen und politischen Bereichen. Man hielt ihr, durchaus zu Recht, entgegen, daß in unserer Zeit alle sozialen Probleme auch politische seien. Ihrer politischen Theorie, wie sie in *Vita activa* ausgebreitet wurde, mangele es an einer eingehenden Beschäftigung mit den Fragen von Wirtschaft und Gesellschaft als den Hauptproblemen heutiger Politik. Aufgrund ihrer engen Definition des politischen Handelns sieht sie in diesen Bereichen in der Tat politikfremde Domänen, denen sie anlastet, sich der Politik zu bemächtigen und diese tendenziell als Erscheinungsform der Freiheit zu zerstören.

Berichten wir zum Schluß noch über ein Thema jener Debatte, das sich mit dem politischen Standort Hannah Arendts beschäftigt. Ihr Freund und Kollege, der Außenpolitiker Hans Morgenthau, fragte Hannah Arendt ganz unverblümt: »Was sind Sie? Sind Sie eine Konservative? Gehören Sie zu den Liberalen? Wo stehen Sie im Rahmen der gegenwärtigen Möglichkeiten?« Hannah Arendt, und dies charakterisiert sie als politische Einzelgängerin, antwortete lapidar. »Ich weiß es nicht.« Sie hatte, außer ihrer zeitweiligen Verbindung mit dem Zionismus, nie einer Gruppe angehört. Sie ergänzte ihre offene Antwort auf die Frage nach ihrem politischen Standort mit der abschließenden Bemerkung: »Ich stehe nirgendwo. Ich schwimme wirklich nicht im Strom des gegenwärtigen oder irgendeines anderen politischen Denkens.« So war es tatsächlich: Sie war immer unabhängig in ihrem Denken und höchst eigenwillig obendrein. Sie beendete die Diskussion mit ihren Kollegen gleichwohl im Ton der Bescheidenheit: »Ich meine, daß alles Denken – die Art, in der ich mich ihm hingegeben habe, ist vielleicht ein wenig außerhalb des Normalen, ein wenig extravagant – das Merkmal des Vorläufig-Seins trägt.«

Die theoretischen Werke der Hannah Arendt sind wahrlich keine leichte Lektüre. Man könnte viele Seiten füllen mit den Ergebnissen der zahlreichen Interpretationen ihres Beitrages zur politischen Theorie im 20. Jahrhundert, um am Ende feststellen zu müssen, daß sich kein klares, geschweige denn einheitliches Bild ergibt. Die meisten Publikationen über ihr Werk und dessen Bedeutung für die politische Theorie der Gegenwart stammen von Autoren, die von ihr beeindruckt und ihr gewogen sind, aber es gibt natürlich auch Gegenstimmen. Der vorläufige Charakter ihres Denkens, von dem sie selbst spricht, war wenig geeignet für die Bildung einer theoretischen Schule, die ihre Gedanken aufnimmt und in der Gegenwart fortführt. Wenn man, wie sie von sich sagt, außerhalb des Normalen denkt, kann man damit unter Umständen Aufmerksamkeit wecken, und das ist ihr auf überraschende Weise gelungen, aber man tut sich schwer, Nachfolger zu finden. Darum gilt sie als Anregerin für eine neue Art, die Dinge zu sehen; sie wird geschätzt für ihren Mut, sich außerhalb der in ihrer Zeit herrschenden Denkströmungen und Ideologien zu bewegen und von diesem Außenseitertum nicht abzulassen. Was die Neugier vieler Geisteswissenschaftler weckte und zu ihrer fast weltweiten Anerkennung als politische Denkerin beitrug, war anderen eher ärgerlich und anstößig. Joachim Fest, der sie auch persönlich gut kannte, hat dies so erklärt: »Die Anstößigkeit Hannah Arendts hat vor allem damit zu tun, daß sie mit ihrer ganzen intellektuellen Natur quer zu dem Grundbedürfnis nach Anschluß, nach wärmender ideologischer Gruppenbildung stand und ihr Denken nie durch emotionale Bindung korrumpieren ließ. Ihre Vernunft hat einen Zug von Verwegenheit, und sie liebte es, auf sich selbst gestellt zu sein.«[37]

Es war eine Folge dieser Eigenwilligkeit, daß Hannah Arendt weder von der sozialistischen Linken noch den *Liberals* amerikanischen Stils, noch von der konservativen Rechten vereinnahmt werden konnte. Dies erklärt auch, daß das Interesse an ihrem Werk vor allem nach dem Ende des Kalten Krieges zunahm, als die traditionellen ideologischen Frontstellungen aufgeweicht wurden und das Verlangen nach einem Standpunkt jenseits dieser Fronten sich stärker bemerkbar machte. Dafür hatte Hannah Arendt, die mit ihrem neuartigen theoretischen Ansatz auch der herrschenden politischen Theorie Paroli bot, in der Tat einiges zu bieten. Aber ihr Beitrag zur politischen Theorie im 20. Jahrhundert war nicht so einfach wie eine fertige Ware abzuholen und umzusetzen. Auch hatten nicht wenige der mit ihr sympathisierenden Kollegen und erst recht ihre Kritiker entdeckt, daß ihr Werk nicht aus einem Guß war, daß es Ungereimtheiten und Widersprüche gab, daß ihre eigene Position nicht immer klar genug zu sein schien. Wie treffend derartige Einwände sein mögen, sie sind auch ein Beleg dafür, daß Hannah Arendts Werk für wichtig und diskussionswürdig gehalten wurde, und dieses Interesse, das durch eine Vielzahl von Büchern und noch viel mehr Aufsätzen in den wichtigsten westlichen Ländern dokumentiert wird, hält bis heute an.

Es würde den gesetzten Rahmen dieser Arbeit völlig sprengen, wollten wir versuchen, die wichtigsten Interpretationen und Debatten über Hannah Arendt wiederzugeben oder auch nur zu resümieren. Es würde sich nicht nur zeigen, daß manche dieser Veröffentlichungen schwieriger zu lesen und zu verstehen sind als Hannah Arendts Texte selbst, sondern es träte auch zutage, daß es nicht einfach ist und darum nicht zu verläßlichen oder gar einhelligen Urteilen führt, wenn man es mit einer Denkerin »ohne Geländer« zu tun hat, d.h. sie ist nicht einzuordnen oder irgendwo unterzubringen. Sie steht für sich selbst.

Auch hat sich Hannah Arendt selbst dazu bekannt, ein Denken zu pflegen, das übertreiben will. Wo beginnt das Übertreiben, und was erreicht sie damit? Systematisches Denken war nicht ihre Sache; sie machte Anleihen bei der Philosophischen Phänomenologie, war zu Hause im politischen Denken und Handeln der Antike, überspannte kühn die Epochen bis zur Aufklärung mit ihrem hoffnungsvollen Versprechen der Gründung einer zivilen Republik – lauter große Themen und Fragestellungen, zu denen es von Historikern und anderen politischen Theoretikern viel Kritisches zu sagen gab. Ihr Werk war eine Herausforderung der etablierten historischen und sozialen Wissenschaften. Es hat denen jedoch nicht geschadet, im Gegenteil, es konnte sie zur Selbstkritik anregen.

Das Interesse an Hannah Arendt und ihrem Werk ist in den letzten Jahrzehnten enorm gewachsen, aber es wäre ein vergebliches Unterfangen, über ihren Beitrag zur politi-

schen Theorie unserer Zeit so etwas wie einen Forschungs-
stand erheben zu wollen. Zum einen hängt dies damit
zusammen, daß das gesamte Werk der Arendt so viele Ansatzpunkte für eingehendere Studien liefert, zum andern
damit, daß speziell ihre politische Theorie so viele Fragen
aufwirft und Themen hervorbringt, daß es immer neue
Veröffentlichungen und ihnen vorausgehende Tagungen
oder Workshops gibt, die sich mit ihr befassen. Allein die
Texte, die sich mit ihrem Verhältnis zu Martin Heidegger
und seiner Philosophie abplagen, sind fast schon Legion,
ebenso über ihr Eichmann-Buch und über ihre Wortfigur
der »Banalität des Bösen«. Das Interesse an ihrem Werk
läßt sich auch durch seinen provokatorischen Charakter
erklären, denn sie macht, wie dargestellt, der überkommenen politischen Philosophie seit Platon den Prozeß und
entwickelt ein neues Verständnis des Politischen, das dem
herrschenden entgegengesetzt ist. Das würde nicht weiter
ernstgenommen, wäre da nicht ein geistiger Entwurf von
Format, der Anerkennung abnötigt. In der Tat ist Hannah
Arendts theoretisches Werk, so viele Schwächen, Lücken
und Unklarheiten es haben mag, ein großer Wurf. Es ist
untermauert durch enorme Kenntnisse, durch eine beachtliche Formulierungsgabe, die nie ins Seichte und Ober-
flächliche abgleitet.

Die nach meinem Urteil beste Interpretin ihrer politischen
Theorie, die britische Professorin Margaret Canovan, hat
von einigen der allzu eilfertigen Kommentatoren ihres
Werks behauptet, sie würden ihre Texte mit einer Frei-
zügigkeit behandeln, die sich von den Maßstäben, die sie

als Wissenschaftler an andere etablierte Theoretiker anleg-
ten, deutlich unterscheide. Sie würden das Nachdenken
darüber, ob ihre Interpretation des Denkens der Arendt
richtig sei, für Zeitverschwendung halten, will sagen, sie
machten es sich zu leicht. Canovans Hauptthese in ihrer
jüngsten Interpretation der politischen Philosophie Arendts
betont die maßgebliche Rolle des ersten Werks über den
Totalitarismus für alle ihre späteren Bücher und Essays zur
politischen Theorie: »Man kann ... nicht ... umhin, ihr
ganzes politisches Denken im Licht ihrer Totalitarismustheorie zu verstehen.«[38]

Viele Autoren der Sekundärliteratur heben Arendts
Interesse an politischer Partizipation, an den klassischen
Idealen einer demokratischen Republik und ihre Ideali-
sierung des Handelns hervor. Dagegen arbeitet Canovan
die eher konservativen Elemente ihrer komplexen Theorie
heraus: Arendt habe nach Mitteln und Wegen gesucht, wie
man den politisch-sozialen Prozessen mit totalitären Ten-
denzen wehren könnte, die auch trotz des Untergangs
der großen totalitären Staaten weiterhin drohen. Sie war
sich bewußt, daß Handeln nicht nur initiativ, sondern auch
höchst gefährlich sein kann und daß man es durch dauer-
hafte Institutionen in Grenzen halten müßte. Die manchmal in der Sekundärliteratur auftauchende Charakterisierung Arendts als Romantikerin oder Utopistin sei
abwegig. »Ihre Bedeutung ist nicht die einer politischen
Parteigängerin. Im Gegenteil, ihre politische Theorie ist
von Bedeutung, weil ihr Nachdenken über den Totalitarismus sie zu grundlegenden Einsichten über die *condition
humaine* geführt hat, über die menschliche Bedingtheit im

allgemeinen und über den Zustand der modernen Menschheit im besonderen.«

Canovan stellt sich am Ende ihres Berichts über den
Umgang mit Arendts Werk die Frage, ob es eine Rolle
spiele, wie wir dieses interpretieren: »Warum können wir
nicht je nach Geschmack eine Auswahl aus ihren Ideen
herauspicken«, wie es so oft in der umfangreichen Sekundärliteratur geschieht? »Meine Antwort ist: Wir sollten
ihr sorgfältiger zuhören, weil zeitgenössische politische
Theoretiker in der Gefahr sind, die Lektionen des zwan-
zigsten Jahrhunderts zu vergessen.« Canovan erinnert daran, daß der Untergang der großen totalitären Systeme
dazu verleiten kann, deren latente Bedrohung zu ignorie-
ren, die für unsere Zeit keineswegs gebannt sei, zumal in
der heutigen Weltlage eines »global ablaufenden wahnsin-
nigen Wandels«. Anders ausgedrückt: Arendts politisches
Denken, das von der Erfahrung des Totalitarismus seinen
Ausgang nahm, sollte nicht aus dem politischen Diskurs
unserer Zeit verschwinden. Natürlich hat dieses Denken
seine Eigenheiten, seine unaufgeräumten Ecken und seine
scharfen Kanten, mit denen sich die politische Theorie
und Philosophie auseinandersetzen muß. Ihre Botschaft
ist aber deshalb besonders wichtig, weil sie auf die Wiederherstellung der Politik gerichtet ist. »Es ist nicht ein Über-
maß an Politik, das unsere Demokratien bedroht, sondern
ein tragisches Defizit, da sie [die Politiker] das Handeln
dem einzelnen Staatsbürger entziehen und es monopoli-
stisch in die Hände der ›Herren des Konsenses‹ legen. Auf
diese Weise werden die Perversion der Politik und schließlich ihre Verdunkelung und ihr Ableben hervorgebracht.«[39]

Es ist ein Chrakteristikum und zugleich ein großes Problem ihrer politischen Theorie, daß Hannah Arendt das Politische in einer Art Reinkultur versteht, so daß es in der Wirklichkeit nur in wenigen Situationen überhaupt aufleuchtet. Sie spricht von der Politik als Freiheit, als einer »Insel im Meer der Notwendigkeit«. Sie liebt es, strenge Unterscheidungen zu treffen, was theoretisch ohne weiteres möglich ist, doch diese gehen in vielen Fällen an der Wirklichkeit vorbei, die sich um derart abstrakte Trennungen nicht schert. In einem Hannah Arendt durchaus mit hohem Respekt begegnenden Aufsatz hat Jürgen Habermas geschrieben, daß ihr »emphatischer« Politikbegriff auf moderne Verhältnisse nicht anwendbar sei. Die Geschichte zeige, daß politische Herrschaft ganz anders funktioniere, als Hannah Arendt behaupte. Ihr Politikbegriff ist in der Tat so rein, so puristisch, daß es Dinge wie Wirtschafts- und Sozialpolitik eigentlich nicht geben darf, weil die Wirtschaft, in der es um Arbeiten und Herstellen geht, nicht mit der obersten Tätigkeit, dem Handeln = Politik, vermengt werden darf. Wo dies geschieht, werde die Politik korrumpiert, ja zerstört. Schwer nachvollziehbar ist auch, daß ihre Idee von Politik als gemeinsames Handeln einer Pluralität einander gleicher und doch verschiedener Menschen keinem bestimmten Ziel dient, sondern ihren Sinn in sich selbst findet: Handeln = Politik = Freiheit.

Dies sind nur ein paar Hinweise auf Probleme, die ein Studium der politischen Theorie Hannah Arendts mit sich bringt. Sie wollen zeigen, daß wir es nicht mit einem dogmatischen, abgeschlossenen Denken zu tun haben, sondern mit einem offenen und aufschließenden Denken, das hineinführt in die großen Probleme des Menschseins und der Menschheit in unserer Epoche.

Die ganze Hannah Arendt erschöpft sich jedoch nicht in ihrem Werk als originelle politische Denkerin; vielmehr gibt es andere Seiten und Tätigkeiten ihrer Persönlichkeit, die kaum weniger interessant und für sie typisch sind als ihr politisches Philosophieren. Dies gilt für ihre immer wieder ausgeübte Tätigkeit als politische Publizistin und für ihre Wortmeldungen als Jüdin. Zwar sind diese auch mit ihrem Denken verwoben, doch sie haben einen anderen Charakter und eine andere Thematik als ihre politiktheoretischen Arbeiten, und sie gehören nicht weniger als jene zu Hannah Arendt als Person.

TEIL DREI

Die politische Essayistin

Hannah Arendt, 1958 in München

Denken und lebendige Erfahrung

Hannah Arendt, die sich in ihrem Studium und den Jahren bis zur nationalsozialistischen Machtergreifung ganz der Philosophie gewidmet hatte, wurde durch ihr Schicksal als eine von den Nazis aus Deutschland vertriebene Jüdin, ohne es ursprünglich zu wollen, in schroffer Weise mit der Politik konfrontiert. Als sie 1933 feststellen mußte, wie zahlreiche ihrer deutschen Kollegen aus der Geisteswissenschaft sich mit Hitlers Herrschaft arrangierten, wollte sie mit dieser Art von Geist nichts mehr zu tun haben. Es drängte sie zur praktischen politischen Arbeit im Rahmen zionistischer Organisationen, was sie anfangs in Berlin, dann in Paris sowie in den Anfangsjahren ihres New Yorker Exils nach besten Kräften unternahm. Aber natürlich hatte Hannah Arendt, die sich als Studentin so intensiv um philosophisches Denken bemüht hatte, auch in ihrer praktischen Tätigkeit nicht aufgehört, angestrengt zu denken. Sie verkehrte immer in Kreisen, in denen das Denken und Urteilen über die Dinge, die in der Welt vor sich gingen, selbstverständlich war. Aber nun gaben die Ereignisse, de-

ren Opfer und Zeitzeuge sie geworden war, ihrer so hoch-
entwickelten Fähigkeit zu denken die Themen und Gegenstände vor. Diese Themen waren politisch im weitesten
Sinne. So wurde sie zur politischen Denkerin, die an den
Themen arbeitete, welche die Zeit ihr aufgab. Doch damit
brach sie die Brücken zu ihrer philosophischen Vergangenheit nicht ab, sondern es gelang ihr in einer einzigartigen
Weise, Politik und Geschichte bis hin zu den aktuellen Fragen mit philosophisch erhellten Augen zu sehen. Dieses
von den Erfahrungen des Politischen beeinflußte Denken
schickte sich an, das eigene Denken in den Dienst dieser
Erfahrung zu nehmen und sich darin zu üben, diese Erfahrung auf die großen Gegenstände des politischen Lebens –
wie z. B. Autorität, Freiheit, Revolution – sowie auf die Beziehung zwischen Politik und Kultur, Politik und Religion,
Politik und Wahrheit etc. anzuwenden. »Meine Annahme
ist, daß das Denken aus Geschehnissen der lebendigen
Erfahrung erwächst und an sie als die einzigen Wegweiser, mit deren Hilfe man sich orientiert, gebunden bleiben muß.«[40]

Deshalb hat Hannah Arendt ihre erste Sammlung
politisch-philosophischer Essays *Zwischen Vergangenheit
und Zukunft* mit dem bescheidenen Untertitel »Übungen
im politischen Denken« versehen. Im Grunde ging es ihr
nicht darum, Vorschriften zu machen, wie man denken
sollte, oder gar bestimmte Wahrheiten zu verkünden. Vielmehr übte sie sich in diesen oft sehr schwierigen Abhandlungen zu zentralen Fragen des Politischen in der Kunst,
in einem Zeitalter gewaltiger Umbrüche das Politische neu
zu denken und zu bedenken. Weil mit dem Totalitarismus

und seinen furchtbaren Erscheinungen und Folgen etwas Neues in die Welt gekommen war, das man sich so grauenhaft und unmenschlich bisher nicht habe vorstellen können, sei es auch notwendig, sich die Frage zu stellen, ob nicht die philosophische Tradition des Abendlandes, die mit den Griechen begonnen und nach ihrer Auffassung mit Karl Marx geendet hatte, das Politische auf ein Nebengleis des Denkens verlegt habe. Hannah Arendt hingegen will die Politik wieder zu einer Hauptsache machen. Freilich setzt dies ein Denken voraus, das von der westlichen Tradition, die im Politischen stets das Problem der Herrschaft von Menschen über Menschen gesehen hat, abweicht und der Politik einen neuen zentralen Stellenwert im Denken zuweist. Darauf gründet ihre Theorie des Politischen, die ihre Kategorien nicht der beschaulichen, von politischer Erfahrung unbehelligten Haltung der *Vita contemplativa* entnimmt, sondern der *Vita activa*, dem tätigen Leben.

Hannah Arendt hat ihren originellen Beitrag zum politischen Denken nicht nur, wie dargestellt, in mehreren wichtigen Büchern ausgebreitet, vom Totalitarismus-Buch über die *Vita activa* und *Über die Revolution* bis hin zum politisch weniger ergiebigen *Vom Leben des Geistes*. Vielmehr sind auch die zahlreichen Aufsätze oder Essays, mit denen sie, wie sie selbst sagt, politisches Denken geübt hat, ein unverzichtbarer Teil ihres Werks. Sie eröffnen vielfach den Zugang zu ihrem politischen Denken in leichterer Weise als die großen Bücher.

Diese Essays sind heute im Rahmen der Ausgabe des Piper Verlages in zwei Bänden zusammengefaßt, die man nicht vernachlässigen darf, wenn man nähere Bekanntschaft mit Arendts politischer Theorie zu gewinnen sucht. Die Herausgeberin Ursula Ludz, die über die Entstehung und das Erscheinen der einzelnen Texte zuverlässig Auskunft gibt, hat im ersten Band, der Gliederung Hannah Arendts folgend, die stärker theoretisch ausgerichteten Essays zusammengefaßt. Auch der zweite Band, mit dem Titel *In der Gegenwart* führt den Untertitel »Übungen im politischen Denken«. Er enthält die aktualitätsbezogenen politischen Schriften der Hannah Arendt. Jene Arbeiten gingen von einem konkreten politischen Problem der Gegenwart aus, zu dem sie Stellung beziehen wollte; hier wird das politische Denken durch konkrete, der Gegenwart entnommene politische Anlässe oder Ereignisse in Gang gesetzt. Es handelt sich bei diesem zweiten Band um kürzere oder längere Essays, an denen man studieren kann, wie sich die in den großen Büchern ausgearbeitete politische Theorie der Denkerin, die nicht immer leicht zu fassen ist, in der Anwendung auf konkrete politische Vorgänge bewährt. Dieser zweite Band ihrer »Übungen im politischen Denken« ist nach vier verschiedenen Themenkreisen gegliedert. Es geht zuerst um Aufsätze über Deutschland nach dem Ende des Zweiten Weltkrieges. Der zweite Abschnitt behandelt Aufsätze zum Thema »Krieg und Revolution«, der dritte, umfangreichste, beschäftigt sich mit »inneren und äußeren Angelegenheiten der amerikanischen Republik«, während die beiden letzten Stücke im vierten Teil sich mit »Standort und Statur des Menschen nach der Eroberung des Weltraums« beschäftigen.

Da es bei unserer Darstellung nicht darum gehen kann, Hannah Arendts politische Publizistik in all ihren Einzel- heiten und Verästelungen zu kennzeichnen, wohl aber darum, das Wesentliche ihres politischen Denkens heraus- zuarbeiten und in seiner möglichen Bedeutung für unser gegenwärtiges Verständnis von Politik zu beurteilen, grei- fen wir aus einigen der aus aktuellen politischen Anlässen geschriebenen Essays jene Passagen, Überlegungen und Gedanken heraus, die das Grundanliegen und die Grund- züge des Arendtschen politischen Denkens beleuchten. Es ist mit Recht bemerkt worden, daß die Form des Essays, also der kürzeren und pointierten Untersuchung, die bei praktischen Anlässen die Notwendigkeit des Urteilens einbezieht, dem produktiven Geist der Hannah Arendt eher entspricht als die zum Teil langwierigen und langat- migen theoretischen Ausführungen in ihren großen Bü- chern. Natürlich müßte man in diese von den politischen Anlässen ausgelösten politischen Arbeiten auch ihr kon- troverses Buch über Adolf Eichmann einbeziehen. Aber das Thema Eichmann bedarf wegen der außerordent- lichen öffentlichen Wirkung, die es gehabt hat, einer eige- nen Behandlung.

Über Deutschland

Für den Historiker liegt es nahe, alles, auch das Außerordentliche und Neuartige in der Geschichte, aus der davorliegenden Geschichte zu erklären. Dies gilt insbesondere für die Frage, woraus die politischen Ideen erwachsen sind, die in einem totalitären System wie dem Nationalsozialismus zu einer herrschenden Ideologie zusammengebraut wurden. Hannah Arendt hat von derartigen Versuchen, die das nationalsozialistische Denken aus der Ideenwelt vermeintlicher Vorläufer von Luther bis Nietzsche erklären wollen, nie viel gehalten. Wie sie in ihrem Totalitarismus-Buch näher ausführte, hielt sie es für abwegig, den Nationalsozialismus in eine bestimmte geistige Kontinuität zu stellen. Allen Kollegen unter den Historikern und Politikwissenschaftlern, die zeigen wollten, daß der Nationalsozialismus sich aus bestimmten Eigenheiten der deutschen Geschichte und des deutschen Denkens erklären lasse und dafür die These von einem geistigen deutschen Sonderweg konstruierten, der in den Nationalsozialismus geführt habe, erteilte sie eine klare Absage. In dem kurz

vor dem Ende des Zweiten Weltkrieges geschriebenen Aufsatz »Das ›deutsche Problem‹ ist kein deutsches Problem«
schrieb sie: »Es ist völlig abwegig, den Nazismus aus einer
speziellen deutschen Charakteranlage oder aus der deutschen Tradition erklären zu wollen. Zum Nazismus gehört
kein Teil der westlichen Tradition, sei er deutsch oder
nicht, katholisch oder protestantisch, griechisch oder rö-
misch. Weder Thomas von Aquin noch Machiavelli oder
Kant oder Hegel oder Nietzsche – die Liste kann aufgrund
der Literatur über das deutsche Problem ins Unendliche
verlängert werden – tragen die geringste Verantwortung
für das, was in den deutschen Vernichtungslagern geschehen ist.«[41] Sie sieht statt dessen als wichtigsten Charakter-
zug des Nazismus, daß er die radikale Verneinung jeder
Tradition war, ja, daß der Nazismus den Untergang aller
deutschen oder europäischen Traditionen darstelle, der
guten wie der schlechten. Hannah Arendt hält darum
nicht viel von jenen Experten, die sich besorgt über das
»deutsche Problem« beugen und es geistesgeschichtlich zu
erklären versuchen. Sie kann solche Herleitungen nicht
akzeptieren, weil sie der Auffassung ist, die Vernichtungspolitik des Naziregimes sei etwas Unerklärliches, das
sich nicht einmal mit den schlimmsten Perioden der früheren Geschichte vergleichen lasse. Das Programm und die
Praxis des nationalsozialistischen Regimes seien die Zerstörung schlechthin gewesen, auch die Zerstörung aller
Tradition. Sie erklärt das Nichts, aus dem der Nazismus
entsprang, als ein Vakuum, »das dem fast gleichzeitigen
Zusammenbruch der sozialen und politischen Struktu-
rierung Europas folgte«. Die Nazis hätten dieses Vakuum

erkannt und es darum mit ihren ungeheuerlichen Lügen
und falschen Versprechungen ausfüllen können.

Ausgehend von dieser zugespitzten Darstellung, die
darauf hinausläuft, im Totalitarismus nicht in erster Linie
ein deutsches Problem zu sehen, sondern eine Bedrohung
Europas, ja des ganzen Westens, warnt Arendt davor, nach
der Niederlage Deutschlands die europäischen Vorkriegs-
verhältnisse restaurieren zu wollen. Sie schlägt sich statt
dessen auf die Seite der progressiven Vertreter der europäischen Widerstandsbewegung gegen den Faschismus, die,
nach einem von ihr zitierten Wort von Georges Bernanos,
»über alle Grenzen hinweg dadurch geeint sind, daß sie
über die Erfahrung der lebensbedrohenden Gefahr verfü-
gen und gelernt haben, der Bedrohung zu widerstehen«.
Sie warnt am Ende des Artikels vor dem vermeintlichen
Realismus einer restaurativen Politik und hält die traditionelle Machtpolitik für ungeeignet, die Erfordernisse der
Zeit zu bewältigen.

Mit dem zweiten Aufsatz über Deutschland, der den Titel »Organisierte Schuld«[42] trägt und dank der Vermittlung
von Karl Jaspers in der von ihm mit herausgegebenen Zeitschrift *Die Wandlung* 1946 erschien, trat Hannah Arendt
erstmals wieder vor eine deutsche Öffentlichkeit. Der Essay widmet sich der in der Nachkriegszeit vieldiskutierten
Frage, ob es einen Unterschied zwischen Nazis und anderen Deutschen gebe, ob es nicht vielmehr notwendig sei,
die Verantwortung für die Untaten des Nationalsozialismus den Deutschen kollektiv anzulasten. Hannah Arendt
weist darauf hin, wie schwierig es im Falle Deutschlands
geworden sei, zwischen Guten und Bösen zu unterschei-

den, weil »die Linie, die Verbrecher von normalen Menschen, Schuldige von Unschuldigen trennt, so effektiv verwischt worden ist, daß morgen niemand in Deutschland wissen wird, ob er es mit einem heimlichen Helden oder einem ehemaligen Massenmörder zu tun hat«. Die Schwierigkeit, im Falle Nazideutschlands über Schuldige und Nichtschuldige zu befinden, sieht Hannah Arendt in dem neuen, bisher nicht dagewesenen Phänomen des Verwaltungsmassenmordes. »Daß in dieser Mordmaschine jeder auf diese oder jene Weise an einen Platz gezwungen ist, auch wenn er nicht direkt in den Vernichtungslagern tätig ist, macht das Grauen aus ... Wo alle schuldig sind, kann im Grunde niemand mehr urteilen.«

Hannah Arendt verwirft alle Versuche, den Nationalsozialismus und seine Verbrechen aus der deutschen Geschichte oder dem sogenannten deutschen Nationalcharakter herzuleiten. Sie hat die zugleich banale Entdeckung gemacht, daß es der Durchschnittsdeutsche war, der in die nazistische Mordmaschine deshalb so leicht eingegliedert werden konnte, weil er – wie Heinrich Himmler, »das organisatorische Genie des Mordes« – ein Spießer war. Über Himmler schreibt sie: »Er ist ein Spießer mit allem Anschein der Respektabilität, mit allen Gewohnheiten des guten Familienvaters, der seine Frau nicht betrügt und für seine Kinder eine anständige Zukunft sichern will. Und er hat seine neueste, das gesamte Land umfassende Terrororganisation bewußt auf der Annahme aufgebaut, daß die meisten Menschen ... nicht Fanatiker, nicht Abenteurer, nicht Sexualverbrecher und nicht Sadisten sind, sondern in erster Linie Jobholders und gute Familienväter.«

Zwar räumt Hannah Arendt ein, daß der Spießer, in dem sie den Haupttypus des modernen Massenmenschen sieht, wegen des Fehlens der »klassischen Tugenden« des öffentlichen Lebens auf deutschem Boden besonders gut gedeihen konnte. Im Grunde aber sei dieser Typus eine internationale Erscheinung. Denn er fand sich ebenso in anderen europäischen Völkern wie etwa den Letten, Litauern, Polen, ja sogar den Juden, die in die Mordorganisation der Nazis gezwungen wurden. Hannah Arendt verbindet mit der Erfahrung des verwaltungsmäßig organisierten Massenmordes im Totalitarismus die Entstehung eines Bewußtseins, das weiß, »wessen der Mensch alles fähig ist«. Sie sieht in dieser notwendigen Einsicht, die zur Beruhigung wenig dienlich sei, sogar eine Vorbedingung des neuen politischen Denkens, dem sie sich im Laufe ihres weiteren Lebens gewidmet hat. Sie hält an einer Idee der Menschheit fest, von der man ein Volk nicht ausschließen könne, nach der man aber ebensowenig einem bestimmten Volk wie dem deutschen alle Last aufbürden dürfe. Dies war für Arendt die notwendige richtungsweisende Idee, kraft welcher die Menschen und Völker auch für ihre Untaten einstehen und Verantwortung übernehmen müssen. Aus der Scham, die man darüber empfinden kann, daß solche Verbrechen geschehen, erwächst eine Pflicht zur moralischen und politischen Verantwortung für das Menschengeschlecht. Es kommt für Hannah Arendt deshalb darauf an, »gegen das ungeheure Übel, das Menschen anrichten können, furchtlos und kompromißlos und überall zu kämpfen«. Ebendies hat sie mit den Waffen des Geistes getan.

1949 wurde Hannah Arendt Geschäftsführerin der »Jewish Cultural Reconstruction«, einer Organisation mit Sitz in New York, die sich darum bemühte, das von den Nationalsozialisten gestohlene oder verschleppte jüdische Kulturgut ausfindig zu machen und zu registrieren. In dieser Eigenschaft flog Hannah Arendt Ende November 1949 nach Europa und verbrachte den größten Teil ihres rund dreimonatigen Aufenthaltes in Deutschland. Sie war mit dieser Aufgabe mehr als ausgelastet, benutzte jedoch die Gelegenheit, um einige Freunde, insbesondere ihre akademischen Lehrer Jaspers und Heidegger, zu besuchen. Sie hatte ihre große Arbeit über den Totalitarismus zu diesem Zeitpunkt im wesentlichen abgeschlossen, und es beschäftigte sie bei diesem ersten Wiedersehen mit Deutschland nach der Katastrophe des Dritten Reiches vor allem die Frage: Wie hat sich das Leben im totalitären System auf die Deutschen, die unter ihm und mit ihm lebten, ausgewirkt, und wie gehen sie jetzt, vier Jahre nach dessen Ende, mit dieser Erfahrung um? Darüber hat sie in einem längeren Aufsatz in der Zeitschrift *Commentary* vom Oktober 1950 ausführlich berichtet. Ihr Artikel trug den Titel »Die Nachwirkungen des Naziregimes: ein Bericht aus Deutschland«. Eine deutsche Übersetzung ist erstmals 1993 erschienen.[43]

Hannah Arendt beginnt ihren Bericht mit einer eindrucksvollen Schilderung der Situation Deutschlands nach der Niederlage im Zweiten Weltkrieg: »In weniger als sechs Jahren zerstörte Deutschland das moralische Gefüge der westlichen Welt, und zwar durch Verbrechen, die niemand für möglich gehalten hätte, während die Sieger die sichtbaren Zeugnisse einer über tausendjährigen deutschen Geschichte in Schutt und Asche legten ... Der Anblick, den die zerstörten Städte in Deutschland bieten, und die Tatsache, daß man über die deutschen Konzentrations- und Vernichtungslager Bescheid weiß, haben bewirkt, daß über Europa ein Schatten tiefer Trauer liegt.« Sie spricht von dem Alptraum eines physisch, moralisch und politisch ruinierten Deutschlands, kommt aber dann zu der überraschenden Feststellung: »Doch nirgends wird dieser Alptraum von Zerstörung und Schrecken weniger verspürt und nirgendwo wird weniger darüber gesprochen als in Deutschland. Überall fällt einem auf, daß es keine Reaktion auf das Geschehene gibt.« Hannah Arendt sieht in dem allgemeinen Gefühlsmangel, den sie bei den Deutschen vier Jahre nach dem Ende des Dritten Reiches feststellt, »das auffälligste äußerliche Symptom einer tief verwurzelten, hartnäckigen und gelegentlich brutalen Weigerung, sich dem tatsächlich Geschehenen zu stellen und es zu begreifen«.

Die Beobachtungen Hannah Arendts in dem vom Kriege verheerten Deutschland, das sich gerade anschickte, aufgrund des West-Ost-Gegensatzes in zwei getrennten Staaten eine neue politische Zukunft zu beginnen, sind ein wichtiger, wenn auch höchst subjektiver Beitrag zum historischen Verständnis der Situation der Deutschen nach der Niederlage. Der vorherrschende Eindruck, den sie bei ihren Begegnungen mit Deutschen und beim Studium der öffentlichen Meinung gewonnen hat, ist der, daß sie sich der Wirklichkeit des Totalitarismus und damit auch der politischen Verantwortung nicht wirklich stellen. Der

Durchschnittsdeutsche suche die Ursachen des letzten Krieges nicht in den Taten des Naziregimes, sondern, wie sie ironisch schreibt, in Ereignissen, die zur Vertreibung von Adam und Eva aus dem Paradies geführt hätten. Sie sieht eine Nachwirkung der totalitären Mentalität vor allem in dem Bemühen der Deutschen, bei ihrer Flucht aus der Realität »mit Tatsachen so umzugehen, als handele es sich um bloße Meinungen«. So gäbe es auf die Frage, wer den Krieg begonnen habe, überraschend viele Antworten, die damit gerechtfertigt würden, daß doch jeder das Recht auf seine eigene Meinung habe, was am Ende auf das Recht auf Unwissenheit hinauslaufe. Auch fiel Hannah Arendt auf, wie sehr man daran interessiert sei, die Zeit nach 1933 einfach auszuklammern. Man rede oberflächlich daher und benehme sich so, als ob seit 1933 absolut nichts geschehen sei. Eine weitere Nachwirkung des Totalitarismus sieht sie darin, daß die Deutschen sprachlos und unfähig seien, irgendwelche Überlegungen zu artikulieren oder ihre Gefühle angemessen zum Ausdruck zu bringen. Statt dessen gäben sie sich einer fieberhaften Geschäftigkeit hin. »Beobachtet man die Deutschen, wie sie geschäftig durch die Ruinen ihrer tausendjährigen Geschichte stolpern und für die zerstörten Wahrzeichen nur ein Achselzucken übrig haben, oder wie sie es einem verübeln, wenn man sie an die Schreckenstaten erinnert, welche die ganze übrige Welt nicht loslassen, dann begreift man, daß die Geschäftigkeit zu ihrer Hauptwaffe bei der Abwehr der Wirklichkeit geworden ist.«

Mit diesen Beobachtungen und Bemerkungen trifft Hannah Arendt zweifellos charakteristische Züge der deutschen

Nachkriegsgesellschaft, die an einer Auseinandersetzung
mit und an einer Aufarbeitung der totalitären Vergangenheit in der Tat kaum interessiert war und sich ganz auf
den Wiederaufbau konzentrierte. Darin stimmte Hannah
Arendt überein mit zahlreichen deutschen Intellektuellen,
welche die »Restauration« beklagten. Sie erwarteten, daß
die Deutschen aus der Konfrontation mit den Schrecken
des nationalsozialistischen Regimes die Kraft und den
Willen aufbringen würden, ein wirklich neues politisches
Leben zu beginnen. Weil Arendt aufgrund ihres Studiums
der Ursprünge und Elemente der totalen Herrschaft zu
der Überzeugung gelangt war, daß der Totalitarismus eine
Gesellschaft bis ins Mark vergiften könne, sah sie in der
deutschen Gesellschaft der Nachkriegszeit vor allem diese
Nachwirkungen des Totalitarismus am Werke, der den
Deutschen beigebracht hatte, die Wirklichkeit zu mißachten und der Realität zu entfliehen. Sie macht freilich auch
die Politik der Besatzungsmächte, insbesondere die Amerikaner mit ihrem Versuch der Entnazifizierung, verantwortlich für einen Teil der Probleme, die einen politischen
Neuanfang in Deutschland erschweren.

So gut sie die geistigen und moralischen Probleme
Deutschlands und der Deutschen nach der totalitären Phase
ihrer Geschichte zu erkennen und zu beschreiben vermag,
so wenig überzeugend sind manche ihrer Feststellungen
über die innerpolitischen Verhältnisse. Ihre Urteile über
die Schwäche der Arbeiterklasse und ihrer Gewerkschaf-
ten, die Wiederherstellung der Marktwirtschaft vor allem
zugunsten ehemaliger Nazis, über die drohende Entstehung eines akademischen Proletariats – »Welche Richtung

die politische Entwicklung in Deutschland nehmen wird,
wenn eine ganze Klasse frustrierter und hungernder Intellektueller auf eine gleichgültige und verdrossene Bevölkerung losgelassen wird, bleibt den Vermutungen jedes
einzelnen überlassen« – sind nicht gerade Belege für eine
empirisch zuverlässige Beobachtung, sondern eher Zeugnisse eines das Kritische in den Mittelpunkt stellenden
spekulativen Geistes. Völlig daneben liegt die Beobachterin mit ihrem Urteil über den deutschen Föderalismus.
Sie hält die Länderregierungen für gescheitert und erwartet auch wenig Positives von den politischen Parteien, die
nichts anderes seien als Fortsetzungen aus der Vorhitler-
zeit. Die deutschen Parteien, so ihr hartes Urteil, seien
»vergreist wiedergeboren worden«.

Weil Hannah Arendt die Bewegung der totalitären Herrschaft und deren Mechanismen in ihrem Buch als ein Modell des Schreckens und der Unmenschlichkeit beschrieben hatte, sah sie im Nachkriegsdeutschland des Jahres
1950 eher die schlechten Nachwirkungen des Alten als die
Ansätze zu einem Neuen. Für sie waren die Verhältnisse in
Nachkriegsdeutschland ein »Paradebeispiel für die Konse-
quenzen des Totalitarismus«. Deshalb hatte sie von den
Zuständen in Nachkriegsdeutschland einen so deprimie-
renden Eindruck. Sie meinte damals, daß auch die Hilfe
von außen, wie sie durch die Besatzungspolitik geleistet
wurde, nicht im Stande gewesen sei, genügend einheimi-
sche Selbsthilfekräfte freizusetzen, wie dies dann durch
den Marshall-Plan doch so erfolgreich geschah. Gewiß
war im Sommer 1950, als dieser Aufsatz verfaßt wurde,
noch nicht absehbar, wie sich die deutsche Demokratie

entwickeln würde. Auch unter den Deutschen selbst gab es damals viele Skeptiker, die bezweifelten, ob dieser zweite deutsche Versuch mit einer Demokratie diesmal gelingen würde, nachdem der erste, die Weimarer Republik, von Hitlers totalitärer Bewegung so leicht hatte überwunden werden können.

Hannah Arendt hat sich über die Qualität der Demokratie in der Bundesrepublik später kaum noch öffentlich ge-äußert. Sie wird bei aller Skepsis die im großen und ganzen gelungene politische Stabilisierung der Bundesrepublik als Demokratie begrüßt haben. Nur noch einmal ließ sie sich dazu herbei, ihre Sorgen über die politische Entwicklung der Bundesrepublik, diesmal in der Mitte der 60er Jahre, öffentlich zum Ausdruck zu bringen. Sie tat es ihrem Freund und Lehrer Karl Jaspers zuliebe, für dessen amerikanische Übersetzung seines in Deutschland so viel Aufsehen erregenden Buches *Wohin treibt die Bundesrepublik?* sie ein mehrseitiges Vorwort[44] schrieb.

Als sie dieses Vorwort verfaßte, existierte nach dem Sturz des Bundeskanzlers Ludwig Erhard bereits die Große Koalition aus CDU/CSU und SPD unter Bundeskanzler Kurt Kiesinger. Für das Jasperssche Buch war die Einführung Hannah Arendts ein gutgemeinter Freundschaftsdienst. Sie unterstützte nachdrücklich die Thesen des Baseler Philosophen, der mit diesem Buch in der bundesdeutschen Öffentlichkeit eine erregte politische Debatte entfacht hatte. Aber trotz des großen Widerhalls in der Öffentlichkeit wurde es nicht zu dem »politisch wichtigsten Buch« nach dem Zweiten Weltkrieg in Deutschland, wie sie meinte. Zwar erschien es in den unruhigen 60er Jahren, in denen sich nach dem Ende der Ära Adenauer noch nicht klar erkennen ließ, welchen Weg das politische System der Bundesrepublik nehmen würde. Aber die warnende Prognose von Karl Jaspers, die Bundesrepublik sei dabei, die parlamentarische Demokratie abzuschaffen, und würde einer neuen Diktatur zutreiben, war maßlos überzogen und ließ sich auch – wie Jaspers es dann versuchte – durch die Erklärung, er habe damit vor einer gefährlichen Entwicklung warnen wollen, nicht rechtfertigen.

Hannah Arendt trägt in ihrem Vorwort alle von der intellektuellen Linken in der Bundesrepublik besorgt diskutierten Gesichtspunkte für eine unheilvolle Entwicklung der deutschen Verhältnisse zusammen, um zu zeigen, daß die Jassersschen Warnungen vor einer Rückkehr Weimarer Verhältnisse inzwischen noch berechtigter seien als zur Zeit der Erstausgabe seines Buches. Aber auch die eigenen Ergänzungen, die Hannah Arendt dem kritischen Befund ihres philosophischen Lehrers hinzufügt, machen die Sache nicht besser. So behauptet sie, bei der Errichtung des Bonner Staates sei bewußt versucht worden, nicht einen neuen Staat, sondern den Status quo ante Hitler zu schaffen, d. h. eine Restauration der Weimarer Republik. Diese Unterstellung verzerrte jedoch die Tatsachen in nicht zu entschuldigender Weise. In Bonn eine »Wiederholungsveranstaltung von Weimar« zu sehen, wie Hannah Arendt es nahelegt, das geht in der Tat an der Wirklichkeit, mag man sie auch noch so kritisch beurteilen, vorbei. Sie folgt Jaspers mit ihrem kritischen Urteil des Jahres 1950 über die fehlende Aufarbeitung der nationalsozialistischen Vergangenheit, wenn sie erklärt, es sei in der Bundesrepublik »niemals zum klaren Bruch mit der Vergangenheit, nicht einmal mit der Nazivergangenheit gekommen«. Wenn sie aber erklärt, nach 1945 sei kein neuer Staat entstanden, so geht sie damit entschieden zu weit. Sie schreibt die vom Großteil der politischen Klasse der Bundesrepublik gehegten positiven Urteile über den neuen Staat deren »Selbstgefälligkeit und Optimismus aus Angst« zu, verweist aber andererseits mit Genugtuung auf jene vielen besorgten Deutschen, die dazu beigetragen hätten, daß Jaspers' Buch über die Bundesrepublik zu einem Bestseller werden konnte.

Zur Politik und Entwicklung der Bundesrepublik hat Hannah Arendt nach ihrem Eintreten für die dramatisierende Jaspersche Fehlprognose nicht mehr öffentlich Stellung genommen. Sie hat sich, obwohl sie sich seit den 50er Jahren oft in der Bundesrepublik Deutschland aufhielt und dort die geistige Diskussion nachhaltig befruchtete, zur Situation des politischen Lebens in Deutschland nicht mehr geäußert. Ihr kritisches Urteil über die Anfänge der Bundesrepublik war von der verständlichen Frage ausgegangen, ob ein Land und ein Volk, in denen das Schlimmste, das Extremste an politischer Verirrung und Pervertierung möglich geworden war, sich wirksam und dauerhaft von einer solchen Vergangenheit lösen und befreien konnte. Daran hatte sie zunächst gewisse Zweifel, die man einem Denker kaum verübeln kann, der in seinen Werken gezeigt hatte, daß auch in der Gegenwart und Zukunft die Gefahr besteht, daß die Elemente und Ursprünge des Totalitarismus sich zu einer neuen Gestalt kristallisieren können. In dem Maße, in dem sie auch in der Bundesrepublik wachsende Anerkennung und Aufmerksamkeit als politische Schriftstellerin fand, traten kritische Urteile über den Zustand der Bundesrepublik zurück.

Im übrigen lebte Hannah Arendt seit 1941 in den Vereinigten Staaten von Amerika und war 1951 amerikanische Staatsbürgerin geworden. Da sie eine politische Persönlichkeit war, die trotz ihrer philosophischen und historischen Interessen sich nicht vom aktuellen politischen Leben lösen und in ein unpolitisches Dasein begeben konnte, nahm sie naturgemäß an den politischen Vorgängen in ihrer neuen Heimat besonderen Anteil. Wichtige ihrer politischen Essays sind darum den »inneren und äußeren Angelegenheiten der amerikanischen Republik« gewidmet. Auch an ihnen zeigt sich, wie ihr Denken den Problemen und Fragen der politischen Gegenwart Aktualität und Tiefe zugleich vermitteln kann.

Über die amerikanische Republik

Zehn Jahre nach ihrer Ankunft im amerikanischen Exil wurde Hannah Arendt amerikanische Staatsbürgerin. Sie hat sich als solche mit ihrem neuen Vaterland identifiziert und wohl auch nie ernsthaft erwogen, wieder nach Europa zurückzukehren. Dank der ihr nach dem Totalitarismus-Buch zuwachsenden Berühmtheit in intellektuellen Kreisen hatte sie ohnehin oft genug Gelegenheit, sich längere Zeit in Europa aufzuhalten. Für die intellektuellen und universitären Kreise der USA, in denen sie sich bewegte, war sie, gerade wegen ihrer typisch europäischen Bildung und Geisteshaltung, eine Bereicherung, so wie viele von den Nazis aus Deutschland vertriebene deutsche Wissenschaftler das geistige und kulturelle Leben Amerikas befruchtet haben. Hannah Arendt war jedoch nicht nur eine politische Denkerin, die sich die Aufgabe stellte, vor dem Erfahrungshintergrund des Totalitarismus zu einem neuen Verstehen des Politischen beizutragen, sie war auch eine Bürgerin im besten Sinne des Wortes; d.h. sie nahm leidenschaftlichen Anteil an den politischen

Vorgängen in dem Land, dessen Bürgerrechte sie nun voll in Anspruch nehmen durfte. Gerade weil die politische Erfahrung für ihr Denken eine so maßgebliche Rolle spielte, verfolgte sie das öffentliche Leben mit wachen Sinnen und offenen Geistes. Aus den veröffentlichten Briefwechseln mit ihrem Mann Heinrich Blücher, mit der Schriftstellerin Mary McCarthy und selbst aus der Korrespondenz mit Karl Jaspers geht immer wieder hervor, welch regen Anteil sie an den politischen Ereignissen, Vorgängen und Entwicklungen ihrer Zeit und ihres Landes nahm. Zwar hat sie, die im wesentlichen mit den großen Themen ihrer politischen Philosophie beschäftigt war, keine politischen Kommentare mehr veröffentlicht, wie am Anfang ihrer Amerikazeit für die deutschsprachige jüdische Zeitschrift *Aufbau*. Aber sie hat doch über die Jahre hin immer wieder die Gelegenheit ergriffen, zu wichtigen Fragen des politischen Lebens in der amerikanischen Republik sowie zur Situation Amerikas in der Welt Stellung zu beziehen. Bei diesen, durch politische Anlässe und Problemkonstellationen ausgelösten Essays, von denen die meisten über viele Seiten gingen, waren ihr spezifisches Denken über Politik und ihre Art des Verstehens stets mit im Spiel. Ihre Einmischung in die Politik war selten unmittelbar und direkt im Sinne einer konkreten politischen Stellungnahme, sondern vollzog sich in der Form politischer Essays, in denen sie, von einem konkreten Problem ausgehend, ein begründetes Urteil über das Problem zu fällen bemüht war und dabei jeweils grundsätzliche und tiefergehende Überlegungen ausbreitete. Ihre wichtigsten Beiträge zu amerikanischen Themen[45] sind die Essays »Europa und

Amerika« von 1954, eine anregende Untersuchung über
das Verhältnis der beiden Kontinente zueinander, die
heute teilweise überholt erscheint; sodann ihre aufsehen-
erregende Beurteilung der amerikanischen »Negerfrage«
in Little Rock (1959), die mit bedenkenswerten Argumenten der *political correctness* in dieser Frage wider-
sprach. Schließlich gehören dazu die großen politischen
Essays über den »zivilen Ungehorsam«, über die »Lüge in
der Politik« und ihr letzter politischer Essay zum Thema
»200 Jahre amerikanische Revolution«. Wir beschränken
uns auf diese drei letzten Beiträge, um zu zeigen, wie
Hannah Arendt anhand bestimmter Fragestellungen die
Verhältnisse in ihrem Amerika beurteilte und wie ihr eigenes politisches Denken dazu diente, wichtige Gegen-
wartsprobleme der USA zu klären und ihre Antworten
zur Diskussion zu stellen.

Die 60er und 70er Jahre des vergangenen Jahrhunderts
waren in der Geschichte der amerikanischen Republik besonders unruhige Jahre. Von amerikanischen Universitäten
hatte die studentische Protestbewegung ihren Ausgang genommen, die sich binnen kurzem zu einem internationalen Phänomen ausweitete. Die immer wieder aufbrechen-
den Rassenunruhen jener Jahre hatten zum Phänomen
der Black Power geführt, einer Kampfansage militanter
Schwarzer an die von den Weißen bestimmten Machtver-
hältnisse in den Vereinigten Staaten. Das Hauptproblem in
der Innenpolitik war damals jedoch die Kriegführung
amerikanischer Truppen in Vietnam, bei dem die amerikanische Weltmacht trotz des massiven Einsatzes aller militärischen Mittel die bittere Erfahrung machen mußte,

daß sie nicht in der Lage war, den Krieg gegen ein kleines Volk, das Widerstand leistete, erfolgreich zu beenden. Viele junge Amerikaner versuchten damals, der Einberufung zum Militär zu entgehen, oder leisteten als Kriegsdienstverweigerer persönlichen Widerstand, mußten jedoch dafür die vom Gesetz vorgesehenen Nachteile in Kauf nehmen. Jedenfalls hatte sich in Verbindung mit all diesen beunruhigenden Ereignissen eine breite, erregte öffentliche Debatte über das Thema ziviler Ungehorsam (*civil disobedience*) entwickelt, die im Zuge der Studentenrevolte auch nach Deutschland übergriff und hier mit schwächerer Flamme fortgeführt wurde.

Hannah Arendt war als Vortragende zu einem großen Symposium eingeladen worden, welches die Anwaltsvereinigung der Stadt New York zu ihrem 100jährigen Bestehen am 30. April und 1. Mai 1970 veranstaltete und an dem einige der führenden amerikanischen Intellektuellen und Juristen teilnahmen. Aus dem Paper, das sie dafür vorbereitet hatte, ist ein knapp vierzig Seiten langer Aufsatz geworden, den sie in ihr Buch *Crises of the Republic* (1972) aufnahm. In diesem Essay über den zivilen Ungehorsam[46], dessen Thematik heute in den USA wegen der Existenz einer Berufsarmee nicht mehr aktuell ist, entfaltet Hannah Arendt ihre außerordentlichen Fähigkeiten, ein konkretes politisches Problem in seinem Kern zu erfassen, es aus der Sicht der politischen Philosophie zu beleuchten und mit der amerikanischen Tradition in Verbindung zu setzen. Sie bleibt am Ende ihres Essays auch die Antwort nicht schuldig, wie man dem Phänomen und dem Problem

des zivilen Ungehorsams politisch und rechtlich am besten
gerecht werden könnte.

Sie geht in ihrem Aufsatz von dem Befund aus, daß Ungehorsam gegen das Gesetz auf zivile wie auf kriminelle
Art nicht nur in Amerika, sondern in vielen anderen Teilen
der Welt zu einer Massenerscheinung geworden sei. Für
die Anhänger des zivilen Ungehorsams sei es jedoch typisch, daß sie nicht als einzelne, sondern als eine Gruppe
auftreten, deren gegen die Politik der Regierung gerichtete
Aktionen, vor allem in Form von öffentlichen Protesten,
auf einer gemeinsamen Übereinkunft beruhen. Ziviler
Ungehorsam bedeutet also nicht, daß jeder von sich aus
das Recht beanspruchen kann, das Gesetz zu mißachten,
sondern er bedarf, wenn er Anerkennung finden soll, des
öffentlichen Handelns einer Gruppe, die durch den zivilen
Ungehorsam, den sie praktiziert, auf ungerechte, von der
Verfassung nicht legitimierte Vorgänge und Entwicklungen aufmerksam machen will. Arendts Definition lautet:
»Ziviler Ungehorsam entsteht, wenn eine bedeutende Anzahl von Staatsbürgern zu der Überzeugung gelangt ist,
daß entweder die herkömmlichen Wege der Veränderung
nicht mehr offenstehen bzw. auf Beschwerden nicht gehört
und eingegangen wird oder daß im Gegenteil die Regierung dabei ist, ihrerseits Änderungen anzustreben, und
beharrlich einen Kurs verfolgt, dessen Gesetz- und Verfassungsmäßigkeit schwerwiegende Zweifel aufwirft. ... Ziviler Ungehorsam kann auf eine notwendige und wünschenswerte Veränderung oder auf die notwendige und
wünschenswerte Erhaltung oder Wiederherstellung des
Status quo gerichtet sein.« Hannah Arendt verweist dar-

auf, daß die Veränderung der Dinge in unserer Welt ein Bestandteil der menschlichen Verfassung, der *condition humaine,* sei und daß wir in einer Zeit leben, in der solche Veränderungen mit einer außerordentlichen Geschwindigkeit vor sich gehen, so daß die Gesetzgebung, die sich dem anpassen soll, oft nicht mehr nachkomme. Sie erinnert daran, daß im Arbeitsrecht, wie z. B. bei der Erkämpfung des Streikrechts, nur der zeitweilige Ungehorsam gegen die bestehenden Gesetze dazu geführt habe, bessere Rechtsverhältnisse für die Arbeiter zu schaffen. Gleiches gelte auch für die Bürgerrechtsbewegung, die nur durch das Mittel des zivilen Ungehorsams erreichen konnte, daß die Gesetze der Rassendiskriminierung in den amerikanischen Südstaaten schließlich aufgehoben wurden.

Hannah Arendt führt die Bewegung des zivilen Ungehorsams in den Vereinigten Staaten auf eine allgemeine Verfassungskrise der Republik zurück, die nach ihrer Auffassung daher rührt, daß die Verfassung von der Regierung selbst durch eine Vielzahl von Aktionen, vor allem jedoch durch den illegalen und unmoralischen Krieg in Vietnam, in Frage gestellt wird. Dementsprechend schwinde das Vertrauen der Bevölkerung in die Verfassungsmäßigkeit des politischen Handelns der amerikanischen Regierungsinstitutionen. Zum Verständnis der aus dieser Situation erwachsenden Bewegungen des zivilen Ungehorsams verweist sie auf den großen französischen Amerika-Kenner des 19. Jahrhunderts, Alexis de Tocqueville, der in der Fähigkeit der Amerikaner, freiwillige Vereinigungen zu bilden, eine besondere Stärke des amerikanischen politischen Systems sah. Hannah Arendt versteht die Bewegung des

zivilen Ungehorsams als neueste, aktuellste Form solcher
freiwilligen Vereinigungen. Sie sei deshalb auch im Ein-
klang mit den ältesten Traditionen des Landes, die sie in
ihrem Buch über die Revolution so ausführlich dargestellt
und gepriesen hatte. Sie stellt nicht in Abrede, daß vom zivilen Ungehorsam eine Gefahr ausgehen kann, aber sie
schätzt diese Gefahr nicht höher ein als jene, die der Verei-
nigungsfreiheit normalerweise innewohne. Da es jedoch,
wie sie zeigt, schwierig ist, Bewegungen des zivilen Ungehorsams in das amerikanische Rechtssystem einzuglie-
dern, schlägt sie abschließend vor, den zivilen Ungehorsam
politisch zu institutionalisieren. Man solle den Minderheiten, die den zivilen Ungehorsam praktizieren, die gleiche
Anerkennung gewähren wie den zahlreichen Interessen-
gruppen des Landes und damit die Gruppen des zivilen
Ungehorsams auf die gleiche Art behandeln wie *pressure
groups*. Dann könnten sie innerhalb des politischen Systems wirksam werden und es positiv beeinflussen.

Dies mag heute, wo das Thema in dieser Weise nicht
mehr aktuell ist, ziemlich überholt erscheinen, aber Hannah Arendt wollte dem zivilen Ungehorsam, sofern er ge-
waltlos bleibt und nicht ideologisch wird, ein Zuhause,
d. h. einen legitimen Ort im amerikanischen politischen
System, einrichten. Sie war der Überzeugung, wie auch in
anderen ihrer politischen Essays über die amerikanische
Republik, daß die traditionellen politischen Institutionen
der Vereinigten Staaten in der Gegenwart nicht mehr richtig funktionierten und einen Autoritätsverlust erlitten
hatten. Trotz ihrer kritischen Beurteilung des gegenwärtigen Zustands der amerikanischen Verfassung aber war sie

am Ende zuversichtlich, daß die amerikanische Republik, wenn sie sich auf ihre in der amerikanischen Revolution begründeten Traditionsbestände besänne, sehr wohl in der Lage sei, der Zukunft mit einem gewissen Optimismus entgegenzusehen.

Der amerikanische Verteidigungsminister Robert S. McNamara gab 1967 seinem Amt, dem Pentagon, den Auftrag, die Geschichte des amerikanischen Militäreinsatzes in Vietnam zu dokumentieren. Daraus entstand ein enormer Berg von Papier, 47 Bände mit insgesamt 7000 Seiten, die zuerst in wichtigen Auszügen von der *New York Times* veröffentlicht wurden und dann in einer Paperback-Ausgabe als die *Pentagon Papers* erschienen. Für Hannah Arendt war das Studium dieser Papiere deshalb besonders reizvoll, weil sie in ihrem politischen Denken die Frage nach der Wahrheit in der Politik schon sehr früh zum Gegenstand gemacht hatte. Mit den Pentagon-Papieren stieß sie auf aktuelles Material, das ihr offenbarte, wie die für den Krieg in Vietnam politisch Verantwortlichen der Weltmacht Amerika und ihre Hintermänner in den Büros des Kriegsministeriums in diesem Krieg und bei seiner Darstellung für die Öffentlichkeit mit der Wahrheit umgingen. Sie beginnt ihren Bericht, den sie »Die Lüge in der Politik«[47] überschrieb, mit der lapidaren Feststellung, daß die Täuschung, und zwar sowohl die Täuschung der Politiker wie die Täuschung der amerikanischen und der Weltöffentlichkeit, das fundamentale Problem der *Pentagon Papers* darstelle. »Die berühmte Glaubwürdigkeitslücke, die uns seit sechs Jahren vertraut ist, hat sich plötzlich in einen Abgrund verwandelt. Der Flugsand unwahrer Behauptungen aller Art, von Täuschungen und Selbsttäuschungen, benimmt dem Leser den Atem.« Hannah Arendt weiß natürlich, daß es absichtsvolle Irreführungen und blanke Lügen als Mittel der Politik seit den Anfängen der überlieferten Geschichte gegeben hat. (»Wahrhaftigkeit zählte niemals zu den politischen Tugenden, und die Lüge galt immer als ein erlaubtes Mittel in der Politik.«) Sie findet jedoch in den *Pentagon Papers* eine ganz neue, moderne Spielart der Lüge in der Politik, die sie dann ihrer Analyse unterzieht.

Bevor sie dazu ansetzt, gibt sie eine kurze, aber prägnante Zusammenfassung jener Theorie des politischen Handelns, die sie in ihrem großen Werk *Vita activa* auf vielen Seiten ausgebreitet hat. Sie schreibt: »Ein Wesenszug menschlichen Handelns ist, daß es immer etwas Neues anfängt; das bedeutet jedoch nicht, daß es ihm jemals möglich ist, *ab ovo* anzufangen oder *ex nihilo* etwas zu erschaffen. Um Raum für neues Handeln zu gewinnen, muß etwas, das vorher da war, beseitigt oder zerstört werden; der vorherige Stand der Dinge wird verändert. Diese Veränderung wäre unmöglich, wenn wir nicht imstande wären, uns geistig von unserem physischen Standort zu entfernen und uns vorzustellen, daß die Dinge auch anders sein könnten, als sie tatsächlich sind. Anders ausgedrückt: Die bewußte Leugnung der Tatsachen – die Fähigkeit zu lügen – und das Vermögen, die Wirklichkeit zu verändern – die Fähigkeit zu handeln –, hängen zusammen; sie verdanken ihr Dasein denselben Quellen: der Einbildungskraft... Es steht uns frei, die Welt zu verändern und in ihr etwas Neues anzufangen. Ohne die geistige Freiheit, das Wirkliche zu akzeptieren oder zu verwerfen, ja oder nein zu sagen ... wäre Handeln unmöglich. Handeln aber ist das eigentliche Werk der Politik.«

Lügen aus Prinzip, also ständiges Lügen, komme gegen die Wirklichkeit mit ihren unendlichen Möglichkeiten nicht an. Wo dies praktiziert wird wie in den totalitären Regimen, da könnten die Untertanen zwischen Wahrheit und Unwahrheit nicht mehr unterscheiden. Doch der politische Hintergrund für die moderne Art des Lügens, wie sie aus den *Pentagon Papers* ersichtlich wird, sei ein anderer. Hier komme die Lüge nämlich im Gewande der Werbung einher, die jedoch ihre Grenze darin finde, daß man politische Meinungen und Ansichten nicht einfach kaufen könne.

Die zweite Spielart des Lügens, die Hannah Arendt in den *Pentagon Papers* ausfindig gemacht hat, kommt aus den sogenannten Denkfabriken und den wissenschaftlich höchst einseitig geschulten Gehirnen derer, die sich in den Kommandozentralen als die Problemlöser (*problem solvers*) verstehen. Sie waren, wie z. B. die Vertreter der Spieltheorie, bemüht, in Anlehnung an die exakten Naturwissenschaften Gesetze aufzufinden, mit deren Hilfe sich politische Tatsachen erklären und voraussagen lassen. Sie stehen dann in der Versuchung, die Theorien, die sie sich zurechtgelegt haben, so auf die Wirklichkeit anzuwenden, daß diese sich den Theorien fügen muß, d. h. die Theorien bestimmen das Bild von der Wirklichkeit, nicht diese selbst.

Ein Beispiel, das Hannah Arendt für die Theoriebesessenheit dieser Problemlöser anführt, ist der Entwurf von verschiedenen Szenarien, etwa A, B und C, wobei in diesem Denkspiel die Alternativen A und C sich gegenseitig ausschließen und darum B als das scheinbar richtige Szenario präsentiert wird. Diese Denkweise »dient kaum einem anderen Zweck, als den Verstand abzulenken und die Vielzahl wirklicher Möglichkeiten zu verdecken. Was diese Problemlöser mit den direkten Lügnern gemein haben, ist das Bestreben, die Tatsachen beiseitezuschieben.« Hannah Arendt zeigt dann anschaulich, wie sehr es den Problemlösern beim Entwurf ihrer Strategien darum zu tun war, das *Image* der Vereinigten Staaten in der Weltpolitik zu wahren: »Imagepflege als Weltpolitik … ist allerdings etwas Neues in dem wahrlich nicht kleinen Arsenal menschlicher Torheiten, von denen die Geschichte berichtet.«

Hannah Arendt war erschrocken über die Realitätsferne der *Pentagon Papers*. Den Problemlösern sei offensichtlich nie zum Bewußtsein gekommen, daß unsägliches Leid die von ihnen entworfenen Lösungen zur Folge haben könnten. Die Berichte der Geheimdienste, in denen die nackte Wahrheit auf dem Kriegsschauplatz vielfach klar zutage trat, seien vom Nationalen Sicherheitsrat der USA, der die wichtigen Entscheidungen zu treffen hatte, nie wirklich zur Kenntnis genommen und beachtet worden. Für besonders schlimm hält Arendt die weitgehende Unkenntnis des geschichtlichen Hintergrundes des Krieges. Sie sieht in der »eigensinnig festgehaltenen prinzipiellen Mißachtung aller historischen, politischen und geographischen Tatsachen« eine Hauptursache für die katastrophale Niederlage der amerikanischen Politik bei ihrer militärischen Intervention in Vietnam. Die Strategen im Pentagon seien ihrer Sa-

che so sicher gewesen, daß sie niemals an ihrer eigenen
Glaubwürdigkeit gezweifelt hätten. Sie bewegten sich in
der manipulierbaren Welt der *Public Relations*, nicht jedoch auf der Ebene der den Krieg bestimmenden Tatsachen:»Im Bereich der Politik, wo Geheimhaltung und
bewußte Täuschung stets eine große Rolle gespielt haben,
ist Selbstbetrug die Gefahr par excellence; der Mann, der
auf seine eigenen Lügen hereinfällt, verliert jeden Kontakt
nicht nur zu seinem Publikum, sondern zu der wirklichen
Welt, die sich an ihm rächen wird ... Die Problemlöser ur-
teilten nicht, sie rechneten ... mit dem Rechnen waren sie
natürlich vollauf beschäftigt, jedenfalls viel zu sehr beschäftigt, um das, was ihnen an Tatsachen geliefert wurde,
wirklich zur Kenntnis zu nehmen.«

Aus dem Abstand von über dreißig Jahren wirken Hannah
Arendts damalige Besorgnisse über die Folgen dieser Praxis – nämlich Amerika laufe Gefahr, viel mehr zu verlieren
als nur den Anspruch auf die Führung der Welt – vielleicht
zu dramatisch, doch sie waren unmittelbar nach dem Ende
des für die USA ziemlich demütigenden Ausgangs dieses
Krieges nicht unberechtigt. Auch heute bleibt ihr damali-
ger Hinweis, daß es unbegrenzte Macht nicht gibt und großer Reichtum nicht unbegrenzt ist, eine berechtigte Warnung an die Adresse der Weltmacht USA, von der sie
schreibt:»Hinter der immer wiederholten Phrase von der
stärksten Macht auf Erden lauert der gefährliche Mythos
der Allmacht.« Keine Frage, daß sie die Außen- und
Kriegspolitik der USA unter George W. Bush für verhäng-
nisvoll gehalten hätte!

Hannah Arendt hat sich mit ihrer Rolle als amerikanische Bürgerin voll identifiziert. In dieser Rolle sah sie es als ihre staatsbürgerliche Pflicht, am Beispiel der enthüllenden offiziellen *Pentagon Papers* darauf hinzuweisen, wie sehr die amerikanische Republik während des Vietnam-Krieges in Gefahr war, sich von den Ursprüngen ihrer großen Revolution zu entfernen. Deshalb sprach sie am Schluß ihres Aufsatzes, der weltweit beachtet wurde, die von einem Kriegsveteranen formulierte Hoffnung aus, Amerika möge nun die bessere Seite seines Wesens wieder für sich zurückgewinnen.

Das Schicksal der Republik ist auch das Thema des großen öffentlichen Vortrages, den Hannah Arendt am 20. Mai 1975, wenige Monate vor ihrem Tod, im Rahmen einer Veranstaltung zum 200jährigen Jubiläum der amerikanischen Revolution in Boston gehalten hat.[48] Im Jahre darauf wollten die Vereinigten Staaten die 200-Jahr-Feier ihrer Gründung als unabhängige Republik begehen. Sie nutzte die Gelegenheit ihrer Rede in Boston, um ihrer Besorgnis über die Lage der Nation Ausdruck zu geben. Sie, die in ihrem Buch über die Revolution gerade der amerikanischen Revolution so viel Beifall gespendet hatte, beurteilte den Zustand der Republik 200 Jahre danach außerordentlich kritisch. Sie hielt die kurz davor mit Mühe bewerkstelligte Beendigung des Vietnam-Krieges für eine demütigende Niederlage, sprach sogar ganz allgemein von einem Ruin der amerikanischen Außenpolitik und hielt die innere Verfassung der Vereinigten Staaten kurz nach der Watergate-Affäre mit der darauffolgenden Abdankung Präsident Nixons für nicht minder beunruhigend. Sie erblickte in der inneren wie äußeren Situation der Vereinigten Staaten einen »raschen Machtverfall« und benutzte das düstere Ergebnis ihrer politischen Analyse zu einem erinnernden Rückblick auf die glorreichen Anfänge der USA: »Die vor 200 Jahren gegründeten amerikanischen Institutionen der Freiheit haben länger Bestand gehabt als irgendeine vergleichbare ruhmreiche Periode der Geschichte. Diese Glanzlichter der Menschheitsgeschichte sind mit Recht Paradigmen unserer Tradition politischen Denkens geworden; doch wir sollten nicht vergessen, daß sie, chronologisch betrachtet, immer nur Ausnahmen waren. Als Ausnahmen leben sie im Denken fort, um das Handeln und Denken der Menschen in finsteren Zeiten zu erhellen. Niemand kennt die Zukunft, und alles, was wir in diesem recht feierlichen Augenblick mit Gewißheit sagen können, ist dies: Egal, wie das Ganze ausgeht, diese 200 Jahre der Freiheit mit all ihren Höhen und Tiefen verdienen es, gebührend gerühmt zu werden.«

Diese Rede zeigt eindrucksvoll, wie sehr sich Hannah Arendt als Bürgerin mit dem politischen Schicksal ihres Landes identifiziert. Es ist eine tiefe Sorge um das Wohl und Wehe der amerikanischen Republik, die sie umtreibt. Sie sieht sich jedoch mit ihrer Besorgnis fast auf verlorenem Posten. Sie erinnert daran, daß diejenigen, die schlechte Nachrichten überbringen und darauf bestehen, zu sagen, was ist, niemals gern gesehen, ja oft nicht einmal geduldet würden. Sie befürchtet nämlich, daß die amerikanische Politik und die diese Politik unterstützende öffentliche Meinung nicht daran interessiert seien, die kritische

Situation, in der sich die Weltmacht USA befindet, zu erkennen. Sie sind, wie sie schon in ihrem kritischen Bericht über die *Pentagon Papers* ausgeführt hat, dem Bann der politischen Public-Relations-Manager unterworfen, die die Aufgaben Amerikas in der Weltpolitik vorwiegend unter dem Gesichtspunkt des Image und seiner Pflege betreiben. Hinzu kommt für Hannah Arendt der empörende Umstand, daß mit Watergate die Kriminalität direkt in die politischen Institutionen der USA eingedrungen sei. Sie hält die Art und Weise, wie die Nachfolger der Nixon-Präsidentschaft mit dem kriminellen Erbe umgehen, das der Präsident hinterlassen hat, nämlich durch Vertuschung oder durch bloßes Vergessen, für unzureichend und unangemessen. Sie plädiert für eine kritische Aufarbeitung jener Jahre der Verirrung und für die Verpflichtung, die wahren Tatsachen zur Kenntnis zu nehmen und zu akzeptieren. Wir wollen, so sagt sie am Schluß ihrer Rede, »die Jahre der Verirrung nicht vergessen, damit wir uns der glorreichen Anfänge vor 200 Jahren nicht völlig unwürdig erweisen ... Wir sollten nicht versuchen, in Utopien, Images, Theorien oder in schiere Torheiten zu flüchten. Denn die Erhabenheit dieser Republik bestand darin, um der Freiheit willen dem Größten wie dem Niederträchtigsten im Menschen angemessen Rechnung zu tragen.«

Hannah Arendts Analyse der Lage der amerikanischen Republik im 200. Jahr ihres Bestehens ist, politisch gesehen, nur eine Momentaufnahme. Aus heutiger Sicht betrachtet, wo die Vereinigten Staaten nach dem Zerfall des Sowjet-Imperiums ihre überlegene Stellung als führende

Wirtschafts- und Militärmacht dieser Welt reichlich unbekümmert um die Interessen anderer Kontinente und Staaten zu nutzen wissen, erscheint Hannah Arendts damalige Sorge um den Machtverlust der USA ziemlich unbegründet, auch wenn die unruhigen 70er Jahre solche Bedenken, wie Hannah Arendt sie äußert, tatsächlich aufkommen ließen. Ihre Analyse der Krise läßt sich in ihrer Zuspitzung und vielleicht auch Übertreibung durchaus mit der politischen Streitschrift ihres Lehrers und Freundes Karl Jaspers vergleichen, der 1966 in seinem Buch *Wohin treibt die Bundesrepublik?* die zweite deutsche Demokratie bereits auf dem Wege in eine autoritäre Diktatur sah. Es war Hannah Arendts Glaube an die Einzigartigkeit und Großartigkeit der amerikanischen Revolution und der sie repräsentierenden großen Politiker wie Thomas Jefferson und John Adams, der ihr kritisches Urteil über die bestehenden Verhältnisse in den Vereinigten Staaten entzündete und es ihr zur staatsbürgerlichen Pflicht machte, an diese, die amerikanische Republik begründenden Ausnahmefiguren zu erinnern. Sie wähnte sich damals, was die Lage der amerikanischen Republik anging, in finsteren Zeiten, und sie glaubte aufgrund ihrer kritischen Analyse, daß es keine bessere und fundiertere Orientierung für die gegenwärtigen Probleme Amerikas geben könnte als die Erinnerung an das Werk der Gründungsväter.

Hannah Arendt hat mit diesem Vortrag bei zahlreichen Amerikanern, die wie sie um das Schicksal ihrer Republik besorgt waren, Zustimmung gefunden. Sie hat ein nachahmenswertes Beispiel dafür geliefert, wie man sich als Bürger und Intellektueller in einer krisenhaften Situation des eigenen Landes verhalten soll und bewähren kann. Gewiß sind ihre publizistischen Beiträge zu Fragen der aktuellen Politik zeitgebundener als ihr theoretisches Werk, aber sie gehören integral zu ihrem Werk und zeigen uns eine Persönlichkeit, die ihre politische Verantwortung als Staatsbürgerin ernst nahm und sie durch ihre Fähigkeit zu begründetem Urteilen krönte.

»Menschen in finsteren Zeiten«

Das Interesse am Werk der Hannah Arendt richtet sich verständlicherweise auf ihre Studien, die, ausgehend von ihrem Anfangswerk über die Ursprünge des Totalitarismus, eine neuartige Theorie des Politischen begründeten. Wir verdanken ihr jedoch auch großartige und eindringliche Beschreibungen von Dichtern und Denkern, die ihr nahestanden und von denen sie einige persönlich gekannt hat. Wie nur wenige Philosophen war sie mit den großen Werken der Dichtung von der Antike bis zur Gegenwart vertraut. Auch die englischsprachige Dichtung ihrer Zeit hat sie im amerikanischen Exil kennen- und schätzengelernt. Für Hannah Arendt war dichterisches Denken ein nicht minder erhellendes Medium wie das konventionelle philosophische Denken oder praktisches *Common-sense*-Denken. Es gehört zum Reichtum ihres Geistes, daß sie sich stets offenhielt für die Welt der Literatur und der Kunst.

Hannah Arendt hat ihre Aufsätze über Zeitgenossen aus Dichtung, Kunst und Wissenschaft in einem 1968 in Amerika erschienenen Buch versammelt, dem sie den von Bertolt Brecht entliehenen Titel *Menschen in finsteren Zeiten*[49] (*Men in dark times*) gab. Doch ihre Portraits dienen gerade nicht der Widerspiegelung der Finsternisse des 20. Jahrhunderts, sondern dem Beweis, »daß wir selbst dann, wenn die Zeiten am dunkelsten sind, das Recht haben, auf etwas Erhellendes zu hoffen«. Sie berichtet über Männer und Frauen, die in ihrem Leben und in ihren Werken ein solches Licht der Hoffnung leuchten lassen. Die 1989 von Ursula Ludz herausgegebene deutsche Ausgabe ist um vier Portraits erweitert, die Arendt erst nach Erscheinen der Originalausgabe verfaßt hat.

In diesen aus verschiedenen Anlässen geschriebenen Texten über Denker und Künstler ihres Zeitalters begegnen wir einer Hannah Arendt, die es meisterhaft versteht, sich ihren Figuren zu nähern, ihr Wesen und ihr Denken zu erfassen, sie in den Rahmen der Geschichte einzufügen, in dem sie wirken. Das geschieht besonders ergiebig in ihrem Essay über Rosa Luxemburg, einer Ehrenrettung dieser tapferen und gescheiten Frau vor den üblichen Verzerrungen und Diffamierungen des bürgerlichen und bolschewistischen Lagers.[50]

Ich beschränke mich im folgenden auf die Resümierung der Beiträge Hannah Arendts über Walter Benjamin, Bertolt Brecht und Waldemar Gurian. Doch auch ihre großen Aufsätze über den »Dichter wider Willen«, Hermann Broch, dem sie persönlich sehr nahe war, sowie über die Dänin Tania Blixen offenbaren, wie sicher und einfühlsam sie Vorzüge und Schwächen ihrer dichtenden Zeitgenossen erkennen und beschreiben konnte. Die Arendt hatte ein Talent für die Gestaltung eines Persönlichkeitsprofils, in dem alles Wesentliche zu finden war: der Mensch mit seinen Eigenheiten, das Werk, die Umstände, denen es abgerungen wurde, schließlich das, was davon blieb bzw. überdauern sollte. Das Meisterstück auf diesem schwierigen Gebiet der Schilderung eines Werks aus dem Leben heraus lieferte Hannah Arendt zweifellos mit ihrem großen Essay über Walter Benjamin.[51]

Walter Benjamin (1892–1940)

Hannah Arendt war während ihres Exils in Paris mit diesem genialen Literaten und Denker bekanntgeworden, dessen Bedeutung freilich erst in der Nachkriegszeit von einem größeren Publikum entdeckt wurde, als er nicht mehr lebte. Sie schildert ihn als einen Menschen des Mißgeschicks, dessen Leben und Werk von den finsteren Zeiten zeugte, die seit dem Ersten Weltkrieg und vor allem durch die Nazis über uns gekommen waren. Benjamin war ein feinsinniger Berliner Jude, der sich politisch zwischen der Alternative des Zionismus (empfohlen durch Gershom Scholem) und des Kommunismus (nahegelegt durch Bert Brecht) nicht zu entscheiden vermochte. Er nahm sich 1940 verzweifelt das Leben, als er auf der Flucht von Frankreich nach Spanien, die seine Rettung in die USA vorbereiten sollte, an der Grenze zurückgewiesen wurde. Heute steht dort ein Denkmal zu seinen Ehren.

Benjamin war ein Einzelgänger, der zwar durch einige geniale literaturkritische Essays auf sich aufmerksam ma-

chen konnte, aber weder in das vom George-Kreis beherrschte rechte Spektrum der Lyrik hineinpaßte, noch
der Linken, dem Institut für Sozialwissenschaften der
Frankfurter Schule, dialektisch genug dachte, um verläßliche Unterstützung zu finden. Die aber brauchte er dringend, als er gezwungenermaßen in die Emigration nach
Paris gehen mußte, wo Hannah Arendt ihn kennen- und
schätzenlernte. Paris war ihm, dem großen Proust-Inter-
preten, von früher vertraut. Er liebte die vielen Passagen,
die das Zentrum durchziehen; er war der ideale Flaneur in
dieser Stadt, von der Hannah Arendt in ihrem Benjamin-
Essay sagte: »In Paris fühlt sich der Fremde heimisch, weil
man die Stadt bewohnen kann wie sonst nur die eigenen
vier Wände.« Nur dort konnte der Flaneur zur Schlüssel-
figur von Benjamins späterem Schaffen werden, wie es
sich im *Passagen-Werk* zeigt. Leider fehlte ihm zum unabhängigen *homme de lettres* in den Jahren der Emigration
die materielle Basis. Da sich der »jüdische Rebell« nicht
zwischen Zionismus und Marxismus entscheiden konnte,
mangelte es ihm an Rückhalt in einem Lager der Gleich-
gesinnten und damit auch an einem wirksamen Schutz vor
dem Zugriff der Nazis nach der Niederwerfung Frankreichs. Benjamin hat nicht mehr die Kraft gehabt, sich über
die französisch-spanische Grenze in die Freiheit zu retten.
Er gab auf.

Benjamin war ein höchst empfindsamer Geist, der überzeugend den Traditionsbruch und den Autoritätsverlust in
der modernen Zivilisation diagnostizierte. Er wurde angesichts dieses Befundes zu einem Sammler, »der aus dem
Trümmerhaufen des Vergangenen sich seine Fragmente und

Walter Benjamin

Bruchstücke zusammenholt«. Hannah Arendt, die dafür
ein besonderes Organ hatte, faßt Benjamins Originalität,
die sich auch im Sammeln von Zitaten äußerte, in den Satz,
er sei begabt gewesen, dichterisch zu denken. Sie hatte
zweifellos ihrerseits eine Nähe zu dieser Art von Denken.
So wie sie Benjamins Art zu denken – die sie an Heideggers
»Spürsinn« erinnerte – mit der Arbeit eines Perlentau-
chers verglich, der am Meeresboden die schönsten Perlen
und Korallen entdeckt und nach oben schafft, so haben et-
liche Interpreten dieses Bild auch auf Hannah Arendts
Werk und ihre eigenwillige Theoriebildung bezogen. Sie
habe aus Elementen des Alten neue »Kristallisationen« ge-

schaffen, Einsichten gewonnen, die im Bewußtsein eines Traditionsbruchs zu einem neuen Denken führten, in das die Bruchstücke, die sie aus dem Vergangenen zutage gefördert hatte, eingefügt waren. Kein Zweifel kann jedenfalls daran bestehen, daß Arendt für das geistige Ringen und die unglückseligen Lebensumstände Walter Benjamins, dieses genialen Geistes, dem die jüdische Erfahrung vertraut war wie ihr, ein emphatisches Verständnis aufbrachte. Die Studie über Benjamin ist der Höhepunkt ihrer literarischen Essayistik.

Bertolt Brecht (1898–1956)

Auch über Bert Brecht, dessen Werk ihr wohlvertraut war, hat Hannah Arendt einen großen Essay[52] geschrieben, in dem ihre Fähigkeit zum begründeten Urteil in poetischen wie in politischen Dingen zur Geltung kommt. Sie bewunderte viele Stücke aus der frühen Lyrik Brechts. Sie fragte sich jedoch in diesem umfangreichen Essay aus dem Jahre 1969, ob Brecht durch seine Übersiedlung nach Ostberlin, von wo aus sein Ruhm als Dramatiker sich in ganz Europa ausbreitete, nicht seine enorme dichterische Produktivität eingebüßt habe. Sie beschuldigt den Dichter wegen seiner politischen Bindung an die kommunistische Ideologie und seiner Unterwerfung unter die Partei einer Grenzüberschreitung, die sich an ihm gerächt habe, weil er nach seiner Rückkehr in das kommunistische Ostberlin zu großer Dichtung nicht mehr fähig gewesen sei wie in den Jahrzehnten seines Anfangs und des Exils. Während

sie seine Nähe zur kommunistischen Ideologie noch nachsichtig beurteilt, solange er die Wahrheit über den totalitären Terror des Stalin-Regimes noch nicht wissen
konnte, verzeiht sie ihm nicht, daß er später, inmitten des
kommunistischen Systems der DDR mit seiner totalitären Realität, sich niemals kritisch dazu vernehmen
ließ. »Er hatte sich in Verhältnisse begeben … in denen
Schweigen schon ein Verbrechen war, von gelegentlichen
Lobpreisungen der Herrschenden gar nicht zu reden.«
»Jetzt war er wirklich zum ersten Mal mitten drin in der
Politik und in der Wirklichkeit, und jetzt ging ihm die
Stimme aus.«

Für Hannah Arendt wurde der große Dichter und Dramatiker Brecht zu einem »Fall«, weil er die Dichtung, zu
der er begabt war wie wenige, der Politik unterstellte. Das
war nicht von Anfang an so. Anhand von sprechenden Zitaten zeichnet sie den Weg nach, den Brecht mit seiner
Dichtung gegangen ist: »Leitmotiv in Brechts Werk ist die
Versuchung, gut zu sein in einer Welt und unter Umständen, die Güte unmöglich machen.« Dies führt ihn schließlich zu der Forderung, daß man lernen müsse, *nicht* gut zu
sein, wenn man politisch handeln wolle. Eine Position,
welche die Kommunisten schließlich zuspitzten zu der unmenschlichen Maxime, daß man lernen müsse, schlecht zu
sein, um die Schlechtigkeit aus der Welt zu schaffen.

Obwohl Hannah Arendt den Dichtern vom Range
Brechts zubilligt, daß sie mehr moralischen Spielraum hätten als die Normalbürger, kommt sie im Falle Brechts wegen seiner kritiklosen Unterordnung unter das SED-Re-
gime zu dem Schluß: »Mit seiner Produktivität war es aus;

sie erlosch von einem Tag zum andern, nachdem er endlich wieder zu Hause sein konnte.«

Diese Betrachtung über Brecht ist ein nicht leicht zu entschlüsselndes Nachdenken über die Schwierigkeiten des Dichtens in finsteren Zeiten; sie zeigt die innige Vertrautheit der Arendt mit Brechts geglückter großer Dichtung, und sie glaubt, am Werk selbst zeigen zu können, daß der Dichter seiner Kreativität verlustig geht, wenn er die Distanz zu den Herrschenden aufgibt, wenn er sich der Politik widerspruchslos anpaßt. Sie rechtfertigt ihre Kritik an einem Dichter wie Brecht mit dem Hinweis, Dichter müßten es sich gefallen lassen, von Bürgern als Bürger beurteilt zu werden. Dafür ist ihr langer Essay ein herausragendes Beispiel.

Waldemar Gurian (1902–1954)

Waldemar Gurian, der sich als Professor für Politische Wissenschaft an der amerikanischen katholischen Notre Dame University einen Namen machte, war Hannah Arendt schon Anfang der dreißiger Jahre in Deutschland aufgefallen. Er entstammte einer jüdischen Familie aus St. Petersburg, kam noch vor dem Ersten Weltkrieg mit seiner Mutter nach Deutschland, studierte hier u. a. bei dem Philosophen Max Scheler und ging dann nach Amerika. In den USA begegneten sie sich oft und mit so nachhaltiger Wirkung, daß Hannah Arendt dem früh Verstorbenen einen längeren Nekrolog in einer politikwissenschaftlichen Zeitschrift widmete.[53] Das Merkwürdige an diesem

Beitrag über den angesehenen Kollegen ist sein Inhalt. Denn dort ist weder von Gurians wissenschaftlichen Leistungen die Rede noch von seinem akademischen Werdegang, sondern ausschließlich von seiner Person, die Arendt außergewöhnlich nennt. Das muß sie nach ihrer farbigen Darstellung auch durchaus gewesen sein. Ihr Portrait dieses »außergewöhnlich seltsamen Mannes« hebt einige Charakterzüge und Eigenschaften Gurians hervor, welche nach Arendt die »Menschlichkeit« dieser Person ausmachen. Es beginnt mit der auch ihr selbst so wichtigen Erfahrung der Freundschaft: »Er war ein Mann, der viele Freunde hatte, und er war seinerseits Freund – ihnen allen … Freundschaft war es, die ihn in dieser Welt beheimatet sein ließ, und wo immer seine Freunde waren – Land, Sprache oder gesellschaftliche Stellung spielten keine Rolle –, da fühlte er sich zu Hause.«

Neben seiner Bindung an das Russische seiner Herkunft hebt Arendt in ihrem Portrait das enorme geistige (übrigens auch appetitgesteuerte) Fassungsvermögen des befreundeten Kollegen hervor: »Er war eine wandelnde Bibliothek von Nachschlagewerken … Wie sein Appetit war seine Neugierde. Sie wurde … durch nahezu alles angefacht, was in der im strengen Sinne menschlichen Welt von Bedeutung war: von Politik und Literatur, Philosophie und Theologie ebenso wie von gewöhnlichem Klatsch.« Sie sieht in Gurian ein Beispiel, ja Vorbild für das, was sie unter *Menschlich-sein* versteht. Es sei das große Vorrecht jedes Menschen, »daß er wesensmäßig und allzeit mehr ist als alles, was er herstellen oder erreichen kann«. Gurian habe diesen Sinn für das Menschliche, das jenseits des weltlichen Erfolges und der gesellschaftlichen Normen zu finden ist, gehabt und dank ihm zuverlässig über die Qualität einer Person oder Sache und die Relevanz eines Problems zu urteilen vermocht. Er, der immer für die Entrechteten und Benachteiligten eintrat, bemühte sich in seiner Wissenschaft um Erkenntnis dessen, was Wirklichkeit ist: Er sei niemals ganz in dieser Welt zu Hause »und zur gleichen Zeit ein Realist« gewesen. »Seine ganze geistige Existenz war auf die Entscheidung, sich niemals einzupassen und niemals davonzulaufen, aufgebaut … Er hatte erreicht, was uns allen aufgegeben ist: In dieser Welt hatte er seinen Wohnsitz errichtet und sich durch Freundschaft ein Zuhause auf der Erde geschaffen.« Es ist, als spräche Hannah Arendt mit diesen Worten auch von sich.

TEIL VIER

Die Eichmann-Kontroverse

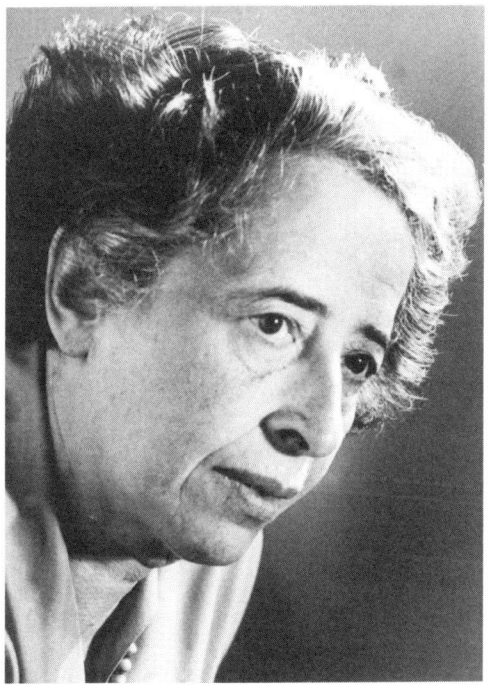

Hannah Arendt, 1963

Arendts jüdisches Bewußtsein

Hannah Arendt war sich während ihrer Jugendjahre in Königsberg sehr wohl bewußt, daß sie Jüdin war. Ihre Mutter hatte sie immer wieder angehalten, sich als Schülerin gegen antisemitische Angriffe zur Wehr zu setzen. Zu einem persönlichen Problem wurde ihr Jude-sein erst gegen Ende ihres Studiums. Bis dahin war es ihr selbstverständlich gewesen, Jüdin zu sein, ohne jedoch damit etwas anderes zu verbinden als den Anspruch, genauso respektiert und behandelt zu werden wie ihre Mitschüler und Kommilitonen. In einem Brief an Karl Jaspers hat sie im Zusammenhang mit ihrem Buch über Rahel Varnhagen berichtet, sie habe sich die jüdische Erfahrung, die sie zu diesem Buch veranlaßt habe, mit Mühe und Not anerzogen. »Ich war von Hause aus einfach naiv; die sogenannte Judenfrage fand ich langweilig. Die Augen in dieser Hinsicht hat mir Kurt Blumenfeld geöffnet, der dann ein naher Freund wurde.«[54]

Kurt Blumenfeld, der damals Präsident der zionistischen Vereinigung für Deutschland war, hatte sie 1926 anläßlich eines Vortrages in Heidelberg näher kennengelernt. Als Zionist unterstützte er die von dem österreichischen Juden Theodor Herzl ins Leben gerufene zionistische Bewegung, deren Ziel es war, für die Juden einen unabhängigen nationalen Staat zu schaffen. Blumenfeld konnte Arendt davon überzeugen, daß die von vielen bürgerlichen Juden praktizierte Assimilation an die soziale und kulturelle Umgebung, in der sie lebten, kein geeigneter Weg sei, um den Juden die volle Gleichberechtigung und soziale Anerkennung zu sichern. Als Hannah Arendt durch Kurt Blumenfeld und durch ihre eigene Wahrnehmung des um sich greifenden Antisemitismus in Deutschland mit der sogenannten Judenfrage konfrontiert wurde, entwickelte sie mit der Zeit ein eigenes politisches Bewußtsein, das, fernab von allen damals kursierenden Ideologien, der Frage nachging, wie die Welt beschaffen sein müßte, damit ein menschenwürdiges Leben für alle möglich wäre. Sie sollte mit der Machtübernahme durch die Nationalsozialisten am eigenen Leibe erleben, was es bedeutete, als Jude ein Mensch zweiter Klasse zu sein. Diese Erfahrung gab Arendt einen entscheidenden Anstoß, ergründen zu wollen, wie es dazu kommen konnte, daß gerade die Juden auch in den scheinbar zivilisierten Ländern zu einem Objekt des Hasses, der Verachtung und der Verfolgung werden konnten.

Angeregt durch Kurt Blumenfeld machte sie sich zunächst an die wissenschaftliche Arbeit. Sie wählte das schwierige Lebensschicksal der Rahel Varnhagen, die die persönlichen und sozialen Probleme der Assimilation einer Jüdin der oberen Gesellschaft gewissenhaft dokumentiert hatte, um an diesem beeindruckenden historischen Beispiel zu zeigen, daß Juden auch in der Zeit ihrer politischen Emanzipierung nicht wirklich gleichberechtigt waren und aus der Sonderrolle ihres Judentums nicht herauskamen. Sie war mit der Arbeit an ihrem Buch über Rahel Varnhagen, an dem sie in Berlin schrieb, noch nicht ganz fertig, als die nationalsozialistische Machtergreifung mit der Verfolgung politischer und »rassischer« Gegner des Regimes einsetzte. In ihrem Gespräch mit Günter Gaus hat sie den 27. Februar 1933, das Datum des Reichstagsbrandes mit den darauffolgenden Notverordnungen, als das sie am meisten schockierende Erlebnis geschildert: »Was dann losging, war ungeheuerlich und ist heute oft von den späteren Dingen überblendet worden. Dies war für mich ein unmittelbarer Schock, und von dem Moment an habe ich mich verantwortlich gefühlt. Das heißt, ich war nicht mehr der Meinung, daß man jetzt einfach zusehen kann. Ich habe versucht zu helfen in manchen Dingen.«[55]

Hannah Arendt war schockiert von den gewaltsamen Anfängen des totalitären Systems und seiner Verfolgung und Ausschaltung jeder Opposition. Doch nicht minder schockierend war für sie die Erfahrung, wie viele der Intellektuellen und Studienfreunde den für Deutschland so verhängnisvollen Machtwechsel begrüßten und sich in das totalitäre System einzureihen begannen. Damals habe sie sich aufgrund dieser Erlebnisse geschworen, »nie wieder irgendeine intellektuelle Geschichte« anzurühren. Dabei ist es natürlich nicht geblieben, wie wir aus ihrer weiteren Lebensgeschichte wissen. Doch ihre persönliche Erfahrung bezüglich des Verhaltens vieler Akademiker beim

Anbruch des Dritten Reiches ist ein eindrucksvoller Beleg für die Anfälligkeit des deutschen Geistes gegenüber der totalitären Versuchung.

Hannah Arendt ließ ihr Buch über Rahel Varnhagen unvollendet und bemühte sich darum, etwas Praktisches, etwas Konkretes zu tun. Von Kurt Blumenfeld bekam sie den Auftrag, für den geplanten Zionistenkongreß in Prag in der preußischen Staatsbibliothek eine Zusammenstellung von antisemitischen Äußerungen auf der Ebene der Vereine und ihrer Zeitschriften anzulegen. Dabei wurde sie von der Gestapo verhaftet, kam jedoch durch glückliche Umstände nach einer Woche wieder frei und bereitete dann so rasch wie möglich ihre Flucht aus Nazi-Deutschland vor. Auch während ihres Exils in Paris von 1933 bis 1940 war sie im Rahmen zionistischer Organisationen praktisch tätig. Aber sie hat dort immerhin noch ihr Rahel-Varnhagen-Buch vollenden können.

Ausgangspunkt ihres Denkens und Handelns in jener Zeit war das eigene Flüchtlingsschicksal. Neben der Konfrontation mit dem unausweichlichen Antisemitismus, den es auch in Frankreich gab, ging es ihr darum, wie man sich als Flüchtling die Fähigkeit zu politischem Handeln erhalten könne. Ohne grundlegende Rechte, so erkannte Hannah Arendt, waren die Flüchtlinge, wo immer sie hinkamen, allenfalls geduldet. Als Geduldete aber waren sie abhängig von der gesellschaftlichen Willkür. Dagegen entwickelte sie den Grundsatz, es gehe für alle Menschen, auch die Flüchtlinge, um das Recht, Rechte zu haben.

Das politische Denken der Hannah Arendt nahm also seinen Ausgang von den konkreten Erfahrungen, die sie selbst als Jüdin in Deutschland und danach im Exil gemacht hat. Was sie erlebte, als sie in einem französischen Lager für sogenannte Deutschstämmige interniert wurde und als sie um ein Ausreisevisum nach Amerika kämpfte – all dies drängte sie dazu, in größeren Zusammenhängen zu denken und verstehen zu wollen, warum die Welt, insbesondere die Welt des Politischen, so beschaffen war, wie sie sie am eigenen Leibe erlebte. Dazu kamen, als sie schon in den Vereinigten Staaten weilte, die schockierenden Nachrichten über die für unvorstellbar gehaltenen Vorgänge bei der fabrikmäßigen Vernichtung großer Teile der europäischen Juden durch die Nazis.

Was das jüdische Problem betraf, so nahm sie in den USA, nun auch als Publizistin, lebhaften Anteil an der Entwicklung, die zur Gründung des jüdischen Staates in Israel führte. Ihr Drang, auch das Geschehen in Nazi-Deutschland verstehen zu wollen, trieb sie dann, wie bereits dargestellt, zu ihrem Studium des Totalitarismus. Im Eichmann-Buch[56] von 1963 kam diese Thematik in einer äußersten Zuspitzung zur Sprache. Es ging um die konkrete Verantwortung eines einzelnen Täters für das ungeheuerliche Geschehen des Holocaust, nämlich die organisierte Vernichtung des jüdischen Volkes. Es ging um das Verhalten eines Menschen wie Eichmann, der im Rahmen des totalitären Systems den Auftrag hatte, ein solches Verbrechen zu organisieren. In der Reaktion auf das Eichmann-Buch wurden ihr Verhältnis zum jüdischen Volk und ihr kühnes Urteil über die Banalität, die das Böse in Gestalt eines Eichmann annehmen konnte, zum Gegenstand erbitterter Auseinandersetzungen innerhalb des internationalen Judentums. Darum ist es sinnvoll, die Stellung Hannah Arendts zum Judentum und insbesondere zur politischen Bewegung des Zionismus genauer zu beleuchten. Sie ist in der Forschung des öfteren thematisiert worden und berührt einen wesentlichen Teil von Arendts Biographie. Weil sie als Jüdin ihr Geburtsland Deutschland verlassen mußte, wurden für sie das Problem des Antisemitismus und das historische Schicksal des jüdischen Volkes, zumal in den Jahren der nationalsozialistischen Vernichtungspolitik, existentiell bedeutsame Themen.

Das war nicht von Anfang an so gewesen. In ihrem Leben in einer Königsberger assimilierten jüdischen Familie, so hat sie später berichtet, sei in ihrer Kindheit das Wort Jude niemals gefallen. Erst durch antisemitische Bemerkungen von anderen Kindern sei ihr überhaupt bewußt geworden, daß sie Jüdin sei – eine Identität, die für ihre Mutter fraglose Selbstverständlichkeit war. »Ich nehme an, sie würde mich rechts und links geohrfeigt haben, wäre sie je dahintergekommen, daß ich etwa verleugnet hätte, Jüdin zu sein.«[57] Die Arendts waren assimilierte Juden, die sich zunächst jedenfalls nicht vorstellen konnten, daß es zwischen ihrer deutschen Staatsangehörigkeit und ihrem Judesein einen ernsthaften Gegensatz geben könnte. Die universitäre Ausbildung von Hannah Arendt verlief demgemäß auch ganz in den Bahnen einer normalen, vor allem an Philosophie interessierten deutschen Studentin, die der Tatsache, daß sie auch von ihrem Aussehen her jüdisch wirkte, keine besondere Bedeutung beimaß. Auch der Umstand, daß sie sich entschloß, ihre Dissertation bei Karl Jaspers in Heidelberg dem Thema der Liebe im Werk von Augustin zu widmen, spricht eher für ihr damaliges Interesse an christlicher Philosophie als an Fragen des Judaismus. Dies änderte sich erst, als sie mit Kurt Blumenfeld zusammentraf und von ihm als Persönlichkeit so beeindruckt war, daß daraus eine lebenslange Freundschaft wurde, die sich in einem lesenswerten Briefwechsel niedergeschlagen hat. Sie hat ganz offensichtlich in ihrer Studentenzeit nie zu spüren bekommen, daß sie ihrer jüdischen Herkunft wegen benachteiligt oder schief angesehen wurde. Es war erst die Verbindung mit Kurt Blumenfeld, die sie dazu brachte, sich mit ihrer nächsten großen Arbeit, die als Habilitationsschrift gedacht war, dem Thema des Verhältnisses von Deutschen und Juden in historischer Perspektive zuzuwenden. Anfang der 30er Jahre schrieb sie an der »Lebensgeschichte einer deutschen Jüdin aus der Romantik«, die sie jedoch wegen ihrer Flucht aus Deutschland nicht mehr vollenden konnte. Sie fügte während ihres Exils in Frankreich noch zwei Kapitel hinzu. Das Buch über Rahel Varnhagen erschien 1958 in englischer Übersetzung und erst 1959 im Piper Verlag.

Es sind die beiden Schlußkapitel ihres Buches über Rahel Varnhagen, die diesem Werk, das weitgehend auf Äußerungen von Rahel Varnhagen selbst beruht, einen theoretischen Rahmen geben, der für das Verständnis Hannah Arendts von der Situation der Juden in Deutschland enorm wichtig war. Sie sind überschrieben »Zwischen Paria und Parvenu« und »Aus dem Judentum kommt man nicht heraus«. Es war der französische Jude Bernard Lazare, von dessen während der Dreyfus-Affäre verfaßten

Rahel Varnhagen, *Ausgabe von 1959*

kritischen Darstellung der Rolle der Juden in der scheinbar aufgeklärten bürgerlichen Gesellschaft sie diese Be-
zeichnungen für das unterschiedliche Verhalten von Juden
in und gegenüber dieser Gesellschaft entlehnt hatte. Der
Parvenu ist der Aufsteiger, der sich an die von der Gesellschaft vorgegebenen Bedingungen so gut wie möglich
anpaßt, vor allem durch wirtschaftlichen Erfolg, und der
nach Kräften bemüht ist, seine Herkunft als Jude soweit
wie möglich vergessen zu machen. Der *Parvenu* ist der soziale Emporkömmling, der sich dreht und wendet, um in

188

der bürgerlichen Gesellschaft voranzukommen und Anerkennung zu finden. Der Jude als *Paria* hingegen begreift sich als Benachteiligter, als am Rande der Gesellschaft stehender Mensch und bekennt sich dazu. Lazare ging in seiner Kritik an dem vorherrschenden Modell des *Parvenu* sogar so weit, dem Gegenbild, dem *Paria*, eine positive Funktion für das Judentum zuzuweisen, wenn er sich seiner *Paria*-Situation bewußt würde. Dieser *bewußte Paria* befreit sich aus dem Status der minderwertigen Existenz, der den Juden zugewiesen wird, indem er entschieden für seine Rechte eintritt und kämpft und so der jüdischen Minderheit ein politisches Bewußtsein verschafft.

Hannah Arendt hat sich als eine *bewußte Paria*-Natur verstanden und dementsprechend gehandelt. Auch innerhalb des Judentums hat sie diese Rolle bewußt beibehalten und ist nicht davor zurückgeschreckt, sich sowohl mit der jüdischen Geschichte als auch mit der jüdischen Gegenwart kritisch auseinanderzusetzen. In ihren Schriften hat sie daran erinnert, daß die *bewußten Paria*-Juden eine eigenständige und wichtige Tradition jüdischen Lebens geschaffen haben: »Die moderne jüdische Geschichte, die mit Hofjuden begonnen hatte und sich mit jüdischen Millionären und Philanthropen fortsetzt, unterschlägt leicht diese andere Richtung jüdischer Tradition – die Tradition, in der Heine, Rahel Varnhagen, Schalom Aleichem, Bernard Lazare, Franz Kafka und selbst Charlie Chaplin stehen. Es handelt sich um die Tradition einer Minderheit unter den Juden, die keine Emporkömmlinge sein wollten und den Status des ›bewußten Paria‹ vorzogen. Alle gepriesenen jüdischen Eigenschaften – das ›jüdische Herz‹,

Menschlichkeit, Humor, Unvoreingenommenheit – sind
Paria-Eigenschaften. Alle jüdischen Mängel – Taktlosig-
keit, politische Dummheit, Minderwertigkeitskomplexe
und Geldscheffeln – sind Charaktereigenschaften von
Emporkömmlingen ... Die Geschichte hat beiden den Status von Geächteten aufgezwungen, den Parias wie den
Parvenus.«[58]

Ihr jüdisches Selbstverständnis mußte Hannah Arendt zu
einer Begegnung mit dem Zionismus führen. Der Zionismus ist die von Juden geschaffene politische Bewegung, die
die Juden von der sie überall umgebenden Gefahr des Antisemitismus befreien wollte, indem sie sich, möglichst im
Heiligen Lande, eine eigene nationale Heimstatt und einen
eigenen jüdischen Staat schaffen sollten. Aus der zionistischen Bewegung ist 1948 auf Beschluß der Vereinten Na-
tionen der Staat Israel hervorgegangen, der sich bis heute
eine zionistische Ideologie zur Begründung seiner Legiti-
mität bewahrt hat. Hannah Arendt bejahte anfangs die
zionistische Bewegung, insofern sie eine politische Antwort für das zerstreute und verfolgte jüdische Volk suchte.
Sie war jedoch nicht einverstanden mit dem auf der Idee
des Nationalstaates basierenden Zionismus des Theodor
Herzl, der dann zur bestimmenden Richtung in der zionistischen Bewegung wurde, weil sie bezweifelte, daß damit der Antisemitismus wirklich zurückgedrängt werden
könnte, und sie befürchtete, daß die zionistische Zielsetzung der Schaffung eines jüdischen Staates mit eigener
Souveränität unvereinbar wäre mit den berechtigten Interessen der dort lebenden Palästinenser. Hannah Arendt

Kalender-Seite 1960 mit Hannah Arendt

wollte Israel nicht als einen jüdischen Staat im Stile der europäischen Nationalstaaten. Vielmehr plädierte sie für eine Art von Föderation, in der Juden und Araber auf demokratischer Grundlage gemeinsam miteinander leben könnten. In der Geschichte der zionistischen Bewegung kommt Hannah Arendts Name nicht vor, weil sie gegen den militanten, zur Verteidigung der israelischen Interessen um jeden Preis bereiten Zionismus eingestellt war. Sie hielt die Entscheidung der zionistischen Bewegung, einen rein jüdischen Staat zu gründen, die 1942 in der Biltmore-Konferenz in den USA getroffen wurde, für verhängnis-

191

voll, weil sie die Möglichkeit einer israelisch-arabischen Föderation unter einer gemeinsamen Regierung verbaute. Während die Zionisten vergeblich erwartet hatten, daß mit der Gründung des jüdischen Staates der Antisemitismus, unter dem die Juden in Europa so sehr zu leiden hatten, verschwinden würde, kam es zur Entstehung eines neuen, gegen den jüdischen Staat gerichteten Antizionismus in den arabischen Ländern, der seither immer stärker wurde. Vor der Gründung des Staates Israel hatte es unter den Arabern keinen Antisemitismus gegeben. Jetzt ist die Feindschaft gegen Israel zur Grundlage eines dramatischen, sich auf die Weltpolitik unheilvoll auswirkenden Konflikts im Nahen Osten geworden.

Da Hannah Arendt eine Kritikerin des im Staate Israel vorherrschenden Zionismus war, charakterisierte man sie gelegentlich als Antizionistin, was sie jedoch in Wirklichkeit nie gewesen ist. Sie war nicht gegen den Staat Israel. Was sie beunruhigte, war jedoch eine israelische Politik, die nicht auf ein gleichberechtigtes und friedliches Zusammenleben mit den arabischen Bevölkerungsteilen und Nachbarn ausgerichtet war und die sich nicht genügend darüber im klaren war, daß Israel trotz seiner Unterstützung durch die großen Mächte, insbesondere die Vereinigten Staaten, das Problem des Friedens im Nahen Osten auf der Basis des vorherrschenden Zionismus nicht lösen konnte. Der Staat der Juden in Israel war von feindseligen Nachbarn umgeben, die nicht minder chauvinistisch und nationalistisch orientiert waren wie Israel selbst. Heute ist es nicht mehr möglich, auf die damaligen Pläne einer föderativen Verfassung für Palästina zurückzugreifen. Die einzige Alternative, die jetzt zur Diskussion steht, ist die mögliche Entstehung von zwei souveränen Staaten in dieser Region, einen Staat der Palästinenser und einen Staat Israels, die vermutlich einander feindselig gegenüberstehen werden. Das föderative Projekt, für das Hannah Arendt vor der Staatsgründung eintrat, hatte zunächst eine jüdisch-arabische Zusammenarbeit auf der lokalen Ebene zum Ziel, weil man hoffte, daß damit positive Ergebnisse für eine gemeinsame Politik auf anderen Ebenen erreicht werden könnten. Ein schon 1950 von Hannah Arendt niedergeschriebener Satz ist nach wie vor gültig: »Frieden im Nahen Osten ist wesentlich für den Staat Israel, für das arabische Volk und für die westliche Welt. Dieser Friede im Gegensatz zu einem Waffenstillstand kann nicht von außen auferlegt werden, er kann nur das Ergebnis von Verhandlungen, von gegenseitigen Kompromissen und einer schließlichen Einigung von Juden und Arabern sein.«[59] An dieser Einsicht Hannah Arendts kommt man auch über ein halbes Jahrhundert später nicht vorbei.

Zusammenfassend kann man feststellen, daß sie in ihrer Analyse des israelisch-arabischen Konflikts die Verhältnisse im Grunde richtig beurteilt hat. Sie hat die Gefahren, die sich aus der nationalstaatlichen Entwicklung Israels für den Frieden im Nahen Osten ergaben, richtig erkannt. Seither hat sich der Konflikt im Nahen Osten zu einer Bedrohung des Weltfriedens ausgewachsen, für den keine praktikable Lösung in Sicht ist. Hannah Arendt jedoch hatte ein Konzept vorgeschwebt, wonach der neue Staat Israel kein reiner Judenstaat sein sollte, wie die Zionisten ihn anstrebten, sondern ein Experiment für eine neue Art von

Politik, in der verschiedene Völker und Religionen einem kooperativen Pluralismus Gestalt geben, einem Gemeinwesen, in dem Arendts hohe Idee von Politik als Raum der Freiheit für Menschen in ihrer Verschiedenheit Wirklichkeit werden könnte. Es spricht nicht gegen ihre Idee, wenn wir heute von einem solchen Zustand des Friedens zwischen Israel und seinen Nachbarn weiter entfernt sind denn je; die politische Geschichte des jungen Staates hat vielmehr den frühen Warnungen Hannah Arendts recht gegeben.

Im Gerichtssaal

Hannah Arendt hatte sich mit ihrem großen Totalitarismus-Buch als eine eigenwillige und originelle politische Denkerin etabliert, die gewiß nicht unumstritten war. Sie war aber doch, wie die zahlreichen Einladungen zu Gastprofessuren an amerikanische Universitäten und zu bedeutsamen Konferenzen und Vorträgen auch in Westeuropa, und hier vor allem in Deutschland, bewiesen, zu einer weithin respektierten Figur im philosophisch-politischen Diskurs ihrer Zeit geworden. Ihre Reputation als politische Denkerin, die durch die nachfolgenden großen Bücher *Vita activa* und *Über die Revolution* weiter befestigt wurde, wäre jedoch auf die interessierten akademischen und intellektuellen Kreise beschränkt geblieben, hätte sie es nicht gewagt, als Berichterstatterin am Prozeß gegen Adolf Eichmann in Jerusalem teilzunehmen und darüber in fünf langen Beiträgen im *New Yorker* zu berichten, der für ihr intellektuelles und künstlerisches Niveau geschätzten amerikanischen Zeitschrift. Daraus wurde mit gewissen Erweiterungen kurz darauf ein Buch

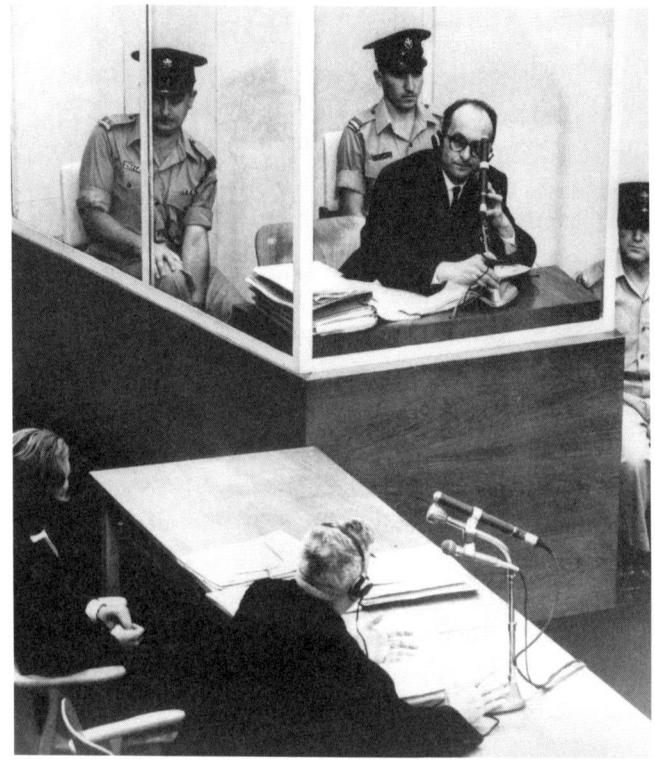

Eichmann-Prozeß, Gerichtsszene

mit dem Titel *Eichmann in Jerusalem – A Report on the
Banality of Evil*, das 1963 erschien, ein Jahr später auch in
deutscher Übersetzung. Es war Hannah Arendts Initiative
gewesen, den Eichmann-Prozeß als Beobachterin unmittelbar verfolgen zu können.

Am 11. Mai 1960 war Adolf Eichmann von einem gehei-
men israelischen Sicherheitskommando in Argentinien
aufgespürt und gekidnappt worden mit dem Ziel, dem ehemaligen SS-Obersturmbannführer in Israel den Prozeß
machen zu können. Eichmann galt als ein Hauptverant-
wortlicher für die Durchführung der »Endlösung der Judenfrage« in Europa. Gegen ihn wurde am 11. April 1961
vor der Sonderkammer eines Jerusalemer Gerichts ein
Strafprozeß eröffnet, der mehrere Monate dauerte. Das To-
desurteil für Eichmann wurde am 11. Dezember 1961 gesprochen, durch eine Berufungskammer am 29. Mai 1962
bestätigt und danach vollstreckt.

Für die Verfasserin des Totalitarismus-Buches ergab
sich bei diesem Prozeß die Chance, einen der wichtigsten
Funktionäre des Massenmordes an den europäischen Juden leibhaftig zu sehen, sich ein Urteil über den in einem
Glaskasten eingesperrten Angeklagten zu bilden und den
Prozeß genau zu verfolgen. Sie saß mehrere Wochen im
Gerichtssaal, studierte die der Presse ausgehändigten Pro-
zeßunterlagen, ließ sich aber mit der Abfassung ihres Be-
richtes über *Eichmann in Jerusalem*, auch bedingt durch
einen Autounfall, viel Zeit, denn sie begnügte sich nicht
mit einem bloßen Bericht über den Prozeß und die an ihm
Beteiligten, sondern nutzte die Gelegenheit zu einer ausführlichen Darstellung der deutschen Vernichtungspolitik. Sie versuchte, unter besonderer Berücksichtigung der
Rolle Adolf Eichmanns, historisch zu erklären, wie es zum
Holocaust, der fabrikmäßigen Vernichtung der Juden Europas, kommen konnte. Dabei sparte sie auch nicht mit
Kritik am Prozeßablauf selbst noch an der Instrumentali-

sierung des Prozesses durch die israelische Regierung. In der aktuell lieferbaren Taschenbuch-Ausgabe des Piper Verlages, die 2005 in 14. Auflage erschien, umfaßt Hannah Arendts *Eichmann in Jerusalem* immerhin 435 Seiten.

Hannah Arendts Eichmann-Buch löste eine wilde Kontroverse aus, die an Bitterkeit und Schärfe nicht zu überbieten war. Am heftigsten tobte der Kampf um und gegen dieses Buch unter den New Yorker jüdischen Intellektuellen, aber natürlich auch in Israel selbst. Auch in der Bundesrepublik führte das Erscheinen der deutschen Übersetzung im Jahre 1964 zu einer lebhaften Kontroverse, bei der die Kritiker Hannah Arendts, darunter auch der Historiker Golo Mann, das eindeutige Übergewicht hatten. Von dem in Amerika tobenden Streit schreibt ein Wissenschaftler, der diese Kontroverse untersucht hat: »Die Beschuldigungen und Gegenbeschuldigungen waren so leidenschaftlich, daß die Heftigkeit des Disputs sogar für diese Gruppe von abgehärteten Polemikern alle früheren Grenzen sprengte. Howe nannte die Eichmann-Kontroverse zutreffend einen ›Bürgerkrieg, der unter New Yorker Intellektuellen ausgebrochen ist‹.«[60]

Hannah Arendt sah in den Angriffen gegen ihr Buch eine gesteuerte Kampagne. Sie wurde in diesem Eindruck von ihrer Freundin Mary McCarthy unterstützt, die ihr schrieb, die Angriffe gegen sie und das Buch hätten Ausmaße eines Pogroms angenommen. Die Kritiken und Angriffe konzentrierten sich auf nur wenige für das Verständnis des Holocaust und das jüdische Selbstverständnis zentrale Punkte: erstens gegen die im Untertitel des Eichmann-Buches behauptete »Banalität des Bösen«, greifbar in der Person des Angeklagten Adolf Eichmann, zweitens gegen ihr Urteil über das Verhalten der jüdischen Führung am Beispiel der sogenannten Judenräte, die sich in den Prozeß der Judenvernichtung hätten einbeziehen lassen, schließlich drittens gegen ihre Beurteilung der juristischen Seite des Prozesses, in dem sie eine Art Schauprozeß im Interesse der israelischen Regierung zu sehen meinte.

Doch schlimmer als die sachlichen Meinungsverschiedenheiten sind für Hannah Arendt die Anschuldigungen, die ihre Person und ihre Integrität betreffen. Man beschimpft sie als herzlos und gefühllos gegenüber dem Schicksal des jüdischen Volkes, zu dem sie doch auch gehöre. Ja, man meint sogar, in ihrem Buch eine deutsch-jüdische Arroganz am Werke zu sehen, eine neue Version des jüdischen Selbsthasses und, bezogen auf ihren Stil, eine Perversion der Brillanz, getragen von einem moralischen Hochmut. Es kam zu so einseitigen Urteilen wie dem, daß Arendt in ihrem Buch mit Eichmann ziemlich sanft, mit den Juden jedoch hart umgegangen sei.

Der leidenschaftliche Streit über Hannah Arendts Buch, der erst zu verebben begann, als am 22. November 1963 der amerikanische Präsident John F. Kennedy einem Attentat zum Opfer fiel, hat immerhin deutlich gemacht, daß es für die Juden in Israel und auch außerhalb ebenfalls eine unbewältigte Vergangenheit gab. Das Buch war ein Anstoß zu einer heftigen Debatte über jüdische Identität, über den Holocaust und seine Folgen, über die Funktion und Bedeutung des Staates Israel für die jüdische Geschichte und vieles andere mehr. Der Autorin hat diese furiose Debatte um ihr Buch und um ihre Person nicht wenig zugesetzt. Sie fand zwar inmitten dieser Auseinandersetzung Trost bei ihrem Mann, Zuspruch durch ihren Philosophen-Freund Karl Jaspers, ihre Freundin Mary McCarthy und andere Freunde und Gesinnungsgenossen, die weiterhin zu ihr standen. Sie hat jedoch auch die bittere Erfahrung machen müssen, daß freundschaftliche Verbindungen zerbrachen und oft gar nicht mehr oder erst nach einiger Zeit wieder geheilt werden konnten.

Rückblick auf einen Buchskandal

Über vierzig Jahre sind seit dem Erscheinen des Eichmann-Buches vergangen. Es ist inzwischen, nach dem Ab-
flauen der Kontroverse, als ein wichtiger Beitrag zum Verständnis des Holocaust anerkannt worden. Es ist darum
von höchstem Interesse festzustellen und festzuhalten,
wie heute, im Abstand von vierzig Jahren, das wissenschaftliche und politische Urteil über dieses Buch ausfällt.
Während Hannah Arendt, die 1975 starb, ihr letztes Le-
bensjahrzehnt noch im Schatten der massiven Kritik an
ihrem Eichmann-Buch verbringen mußte, haben wir es
nun mit einer Situation zu tun, in der das Urteil über dieses Buch sehr viel maßvoller, differenzierter und gerechter
ausfällt als in den hitzigen Debatten Mitte der 60er Jahre.
Zwar gibt es nach wie vor – wie sollte es auch anders sein –
unterschiedliche Urteile über Hannah Arendts Beitrag
zum Verständnis des Holocaust. Aber der Weitergang der
historischen Forschung und der Wandel der Zeiten haben
ein angemesseneres und gerechteres Urteil über das einst
so umstrittene Eichmann-Buch hervorgebracht.

Eichmann in Jerusalem, *Ausgabe von 1964*

Mit ihrem Bericht über den Eichmann-Prozeß in Jerusalem war Hannah Arendt zur Zielscheibe einer erregten und leidenschaftlichen Debatte geworden, die das große Ansehen, das sie sich durch ihre Veröffentlichungen seit dem Totalitarismus-Buch erworben hatte, zu beeinträchtigen schien. Hannah Arendt hat in der Vorrede zur deutschen Ausgabe ihres Eichmann-Buchs zu dieser Kampagne bemerkt: »Diese Angriffe beschäftigten sich im wesentlichen damit, ein Propaganda-Phantom, ein sogenanntes Image zu kreieren, und das Resultat war, daß sich ein Streit um ein Buch erhob, das so niemals geschrieben worden ist.«[61]

Richard J. Bernstein, Philosophie-Professor an der *New School for Social Research*, an der Hannah Arendt zuletzt gelehrt hatte, faßte die heftige Auseinandersetzung um Arendts Buch wie folgt zusammen: »Seit dem Erscheinen ihres ersten Artikels bis zu ihrem Tode im Jahre 1975 (und noch lange danach) wurde Arendt nicht nur heftig kritisiert, sondern auch verunglimpft und verdammt. Sie wurde bezichtigt, Antizionistin und Antisemitin zu sein. Sie leide unter ›jüdischem Selbsthaß‹ und verdrehe böswillig die Fakten. Sie sei herzlos, arrogant und leichtfertig. Sie trivialisiere mit ihrem Schlagwort von der Banalität des Bösen den Holocaust und den Mord an Millionen. Selbst enge Freunde von Hannah Arendt waren schockiert und brachen den Kontakt mit ihr ab. Mehr als dreißig Jahre nach der Veröffentlichung von *Eichmann in Jerusalem* gibt es immer noch Leute, die ihr nicht verzeihen können, ein derart skandalöses Buch veröffentlicht zu haben ... Doch trotz einer so langen Geschichte hitziger Kontroversen stimuliert Arendts Bericht immer noch neue Gedanken und Diskussionen.«

Bernstein findet, daß Arendts Bericht trotz seiner in der Literatur über diese Kontroverse festgestellten Mängel grundlegende Fragen aufwerfe: »Fragen nach der Verantwortlichkeit, dem Urteilen und dem Bösen, die uns immer noch verfolgen; Fragen, die bis jetzt nicht gelöst sind und vielleicht nie endgültig gelöst werden können. Und doch müssen wir immer wieder mit diesen Fragen kämpfen. Arendt verfügte über die seltene Fähigkeit, ihre Leser in Denkprozesse zu involvieren, die den Kern ihres eigenen unabhängigen Denkens ausmachen.« Bernstein beschließt seinen Artikel, in dem er die wichtigen Themen und Fragestellungen der Auseinandersetzung behandelt, die das Eichmann-Buch gestellt hat, mit den Worten: »Warum ist *Eichmann in Jerusalem* ein so Gedanken provozierendes Buch? Wir besitzen heute weitaus genauere und umfassendere Kenntnisse der vielen historischen Probleme, die Arendt erörtert. Wir haben weitaus detailliertere Informationen über das, was Eichmann selbst getan oder nicht getan hat. Wir wissen auch viel mehr über die Judenräte, als Arendt zu ihrer Zeit wissen konnte. Trotzdem ist ihr Bericht nicht überflüssig geworden. Er ist nicht primär ein Beitrag zur historischen Analyse der Endlösung, sondern eine Übung im Denken und Urteilen. Sie war eine der ersten, die eine ernsthafte öffentliche Diskussion schmerzlicher Fragen über die Verantwortlichkeit und Beurteilung der Täter, über die Opfer und die stummen Zuschauer eröffnet hat. Arendt wußte, daß solche Diskussionen und Debatten nie abgeschlossen werden können. Aber nur sehr wenige Denker sind Arendt darin gleichgekommen, die schwierigen und schmerzlichen Fragen der Verantwortlichkeit, des Urteilens und des Bösen auf so lebendige, präzise und einsichtsvolle Weise zu stellen – Fragen, die immer noch auf uns lasten. *Eichmann in Jerusalem* behält deshalb seine Bedeutung, weil es uns zwingt, für uns selbst zu denken – die einzige Art, in der es unabhängiges Denken ... gibt.«[62]

Der Herausgeber des Buches *Hannah Arendt in Jerusalem*, Steven Aschheim, beginnt seine Einführung in den Sammelband mit den Worten: »Im intellektuellen Diskurs unserer Zeit ist Hannah Arendt so etwas wie eine Ikone

geworden. Das Klima des Postmodernismus und der Iden-
titätspolitik sowie die Suche nach einer nicht-ideologi-
schen posttotalitären Weltsicht haben ihrem Denken eine
erneuerte Relevanz und Vitalität verliehen.« Aschheim,
der an der hebräischen Universität in Jerusalem lehrt, beschließt seinen einleitenden Aufsatz mit den Worten, Hannah Arendts Denken könne heute, anders als zu Zeiten des
Eichmann-Prozesses, angemessener gewürdigt werden,
und zwar nicht nur wegen ihrer Einsichten in die moderne
jüdische Erfahrung und den Völkermord durch die Nazis,
sondern auch wegen ihrer allgemeinen Beobachtungen
über die Gefahren der Homogenität und der Bedeutung
eines freien pluralen politischen Raums: »Auf jeden Fall
brauchen wir Hannah Arendt nicht länger zu dämonisie-
ren, noch müssen wir sie kanonisieren … Doch nun ist die
Zeit für eine in stärkerem Maße kritische und verstehende
Beschäftigung mit ihr gekommen.«[63]

In seinem informativen Überblick über die Reaktionen
auf das Arendt-Buch bis in die Gegenwart betont Richard
I. Cohen, wieviel bleibende Wirkung (*staying power*)
Hannah Arendts Bericht auch für die nachfolgende Generation noch besitze. Eine Generation nach der Eichmann-
Kontroverse der sechziger Jahre sei das Urteil über ihr
Buch einer größeren Wertschätzung der Autorin gewi-
chen, vor allem wegen ihrer theoretischen Beiträge zum
Verständnis der Natur des Bösen in der modernen Gesellschaft, zum Problem der individuellen Verantwortung und
der Freiheit des Handelns. Die Erinnerung an die Toten
und die stereotype Behandlung von Juden und Deutschen
im Dritten Reich hätten die Faszination nicht zu verdrän-

gen vermocht, die von Arendts theoretischer Darstellung ausging, welche den Versuch machte, die herausragenden Fragen unserer Zeit zu beantworten.[64]

Der israelische Publizist Amos Elon hat in seinem Beitrag zu einer wissenschaftlichen Tagung, aus der das Buch *Hannah Arendt Revisited* hervorging und die im Einstein Forum in Potsdam stattfand, sogar von einer zeitweiligen Exkommunizierung Hannah Arendts durch die jüdische Elite in Amerika und Israel gesprochen. Er beschreibt den Wandel, der sich seither vollzogen hat, mit den Worten: »Mehrere von Arendts Kritikern haben die Heftigkeit, mit der sie damals reagierten, inzwischen bedauert. Arendt selbst erlebte das nicht mehr. Sie starb in einer Zeit, da ihr Ansehen als politische Theoretikerin und Geschichtsanalytikern an einen vergleichsweise tiefen Punkt gelangt war. Heute dagegen scheint ihr Leben und Werk mehr denn je wahrgenommen zu werden … Es liegt wohl vor allem daran, daß ihre zentralen Einsichten über das Wesen des Bösen in der Politik, über die moralische Leere und die psychologische Kostümierung des Totalitarismus heute auf mehr Sympathie und Verständnis stoßen als früher. Hannah Arendt bleibt eine anregende intellektuelle Gestalt auch deshalb, weil sie den Konventionen und Normen des akademischen Betriebs ihren Respekt verweigerte. Die Mischung aus Analyse, anspruchsvollem Journalismus, Philosophie, Psychologie, Literatur und Anekdote, die für manche ihrer Werke charakteristisch ist – gerade diese Qualitäten faszinieren heute und reizen zur Auseinandersetzung.«[65]

Auf dem Höhepunkt der Eichmann-Kontroverse, die Hannah Arendt keineswegs unberührt ließ, die sie jedoch tapfer durchstand, schrieb ihr der Freund Karl Jaspers, mit dem sie sich darüber austauschte, die tröstenden Worte: »Es kommt die Zeit, die Du nicht mehr erlebst: daß Juden Dir, wie jetzt dem Spinoza in Israel, einen Granitstein setzen.«[66] Es ist bezeichnend, daß zwei der jüdischen Autoren, die sich intensiv mit der Kontroverse und ihren Nachwirkungen beschäftigt haben, eben dieses tröstende Wort des Philosophen zitieren, auch wenn sie hinzufügen, daß für die Errichtung eines Denkmals trotz der neuerlichen Wertschätzung Hannah Arendts die Zeit noch nicht reif sei. Immerhin ist ihr Eichmann-Buch seit kurzem erstmals in einer hebräischen Fassung greifbar.

Um verstehen zu können, warum Hannah Arendts Eichmann-Buch zum Gegenstand einer so heftigen Kontroverse werden konnte, sei hier kurz daran erinnert, welches die Hauptpunkte der Kritik gegen sie waren: Da war als erstes die auch im Untertitel des Buches verwendete Behauptung von der Banalität des Bösen. Im Prozeß wurde das Böse demonstriert an der Figur des Angeklagten Adolf Eichmann, der für den Transport von Millionen europäischer Juden in die Vernichtungslager verantwortlich war. Die Anklage stellte ihn als eine monströse Verkörperung des Bösen dar. Demgegenüber gewann Hannah Arendt bei ihrer Beobachtung des Mannes im Glaskasten und beim Studium der Akten den Eindruck, daß Eichmann kein Ungeheuer war, sondern ein eher gewöhnlicher Mensch, daß also ungeheure Verbrechen von einem Mann als Verwalter einer Behörde begangen worden waren, dem alles Dämonische fehlte. Das Böse, für das er mitverantwortlich war, zeigte sich Hannah Arendt hier tatsächlich von einer banalen Seite. Eichmann war nicht die Art von Verbrecher, als welchen die Anklage ihn sah, sondern eher ein Täter, der aus Gedankenlosigkeit, aus der Unfähigkeit, Gut und Böse zu unterscheiden, aus Willfährigkeit gegenüber den an ihn ergangenen Befehlen zu einem willigen Werkzeug der Vernichtungspolitik für Millionen Menschen geworden war.

Natürlich war die These von der Banalität des Bösen, bezogen auf den Völkermord an den Juden, auch eine Provokation der Opfer. Doch für Hannah Arendt war die Person Eichmanns, die sie in ihrer Banalität sehr treffend zu beschreiben wußte, ein Beweis dafür, daß unter der unmenschlichen Herrschaft des Totalitarismus wie im damaligen Nazi-Deutschland eine Situation entstehen konnte, in der Figuren wie Eichmann Akteure wurden, Typen, die es für richtig hielten, ihren Beitrag zur Vernichtung der Menschen einer anderen »Rasse« zu leisten, weil die Ideologie und die Führer ihnen dies befahlen. Bezogen auf die Person Adolf Eichmanns, der brav funktionierte, war das Böse in der Tat banal geworden. Aber Hannah Arendts These von der Banalität des Bösen in diesem Fall wurde von ihren Kritikern vielfach mißverstanden als eine Banalisierung des Massenmords an den europäischen Juden. Diesen als banal zu verstehen war aber eine völlige Verkennung ihrer These von der Gedankenlosigkeit des »Spießers« und Befehlsempfängers, der die Folgen seines Tuns nicht reflektierte – eine These, die seither jedoch wie ein Schlagwort auch dafür herhalten muß, das Böse zu bagatellisieren, wenn es in den Kram paßt.

Noch größere Empörung verursachten einige Seiten ihres Berichts, in denen Hannah Arendt die Rolle der sogenannten Judenräte bei der Durchführung der Endlösung behandelte. Der Abschnitt, der die meiste Empörung provozierte, lautet: »Von Polen bis Holland und Frankreich, von Skandinavien bis zum Balkan gab es anerkannte jüdische Führer, und diese Führerschaft hat fast ohne Ausnahme auf die eine oder andere Weise, aus dem einen oder anderen Grund mit den Nazis zusammengearbeitet. Wäre das jüdische Volk wirklich unorganisiert und führerlos gewesen, so hätte die Endlösung ein furchtbares Chaos und ein unerhörtes Elend bedeutet, aber die Gesamtzahl der Opfer hätte schwerlich die Zahl von 4,5 bis 6 Millionen Menschen erreicht.«[67]

Hannah Arendt hatte damit ein Thema berührt, in dem sie ein Stück unbewältigter Vergangenheit der Juden sah. Sie hat dadurch dazu beigetragen, daß die zeitgeschichtliche Forschung über diese Fragen, die damals erst an ihrem Anfang war, motiviert wurde, diesen Themenkomplex intensiver zu bearbeiten. Diese Forschung hat Hannah Arendt nicht eindeutig widerlegt.

Wenn wir die Einwände gegen Hannah Arendts leicht überhebliche Kritik am Verhalten und der Einstellung des israelischen Staatsanwalts außer acht lassen sowie an der Prozeßführung insgesamt, so bestimmte ein Vorwurf einen beträchtlichen Teil der Auseinandersetzung, der sie als Person treffen und verletzen sollte. Ihr wurde vorgehalten, seelenlos und gefühllos zu sein, an dem schrecklichen Schicksal der Opfer nicht wirklich Anteil zu nehmen. Ihr Bericht sei mit ironischen und sarkastischen

Bemerkungen durchsetzt, ja offenbare eine deutsch-jüdische Arroganz, die dem Thema nicht gerecht werde. Unterstützt wurde diese Kritik an ihrer angeblich rein intellektuellen und distanzierten Behandlung des Themas durch die Veröffentlichung eines Briefwechsels von Hannah Arendt mit dem bedeutenden, früh von Deutschland nach Jerusalem gegangenen großen Judaismus-Forscher Gershom Scholem.[68] Der Briefaustausch, in dem das Eichmann-Buch im Mittelpunkt steht, besteht aus drei Briefen von Scholem und zwei Antworten von Hannah Arendt. Die beiden kannten und schätzten sich von früher her. Scholem entsetzte sich jedoch über das Eichmann-Buch und schrieb Hannah Arendt einen langen Brief, in dem er ihr vorwarf, das Verhalten der Juden gegenüber den nazistischen Verfolgern und Mördern nicht abgewogen genug zu beurteilen, einen »herzlosen, oft geradezu hämischen Ton« anzuschlagen, der jeden »Herzenstakt« vermissen lasse. Der gewichtigste Vorwurf Scholems war der, Hannah Arendt offenbare in ihrem Buch einen Mangel an *Ahabath Israel*. Damit ist gemeint die Liebe zu den Juden, die *compassion* für das Schicksal des jüdischen Volkes, zu dem sie doch gehöre. Auf diesen Vorwurf antwortete Hannah Arendt in den für sie bezeichnenden Worten: »Sie haben vollkommen recht, daß ich eine solche ›Liebe‹ nicht habe, und dies aus zwei Gründen: Erstens habe ich nie in meinem Leben irgendein Volk oder Kollektiv ›geliebt‹ … Ich liebe in der Tat nur meine Freunde und bin zu aller anderen Liebe völlig unfähig. Zweitens aber wäre mir diese Liebe zu den Juden, da ich selbst jüdisch bin, suspekt. Ich liebe nicht mich selbst und nicht dasjenige, wovon ich weiß, daß es irgendwie zu meiner Substanz gehört.«[69]

Man kann an Scholems Kritik die große Betroffenheit vieler Juden erkennen, auch solcher, die Hannah Arendt nahegestanden hatten. Ihr Freund Hans Jonas unterbrach für eine Zeitlang seine langjährigen freundschaftlichen Beziehungen zu ihr. Ihr großer Mentor, Kurt Blumenfeld, der sie in jungen Jahren zum Zionismus und zu einem Verständnis des Politischen hingeführt hatte, konnte sich, kurz vor seinem Tod, anscheinend nicht mehr mit Hannah Arendt versöhnen. Dies alles waren zweifellos schwere Belastungsproben für Hannah Arendt, die ihr deutlich machten, welche Emotionen und die Urteilskraft herausfordernden Probleme sie mit ihrem Eichmann-Buch gerade unter den Juden angerührt hatte.

Das damals vorherrschende Denken der Juden in Israel und in aller Welt war zudem darauf gerichtet, das verpflichtende Andenken an den Holocaust unbedingt zu bewahren und zu intensivieren, die Gründung des Staates Israel als das historische Ende des jüdischen Opferweges in der Geschichte zu betrachten und alles zu tun, um das künftige Überleben des jüdischen Staates mit allen Mitteln sicherzustellen. Da waren Relativierungen wie die von der Banalität des Bösen oder die Bezeichnung des Massenmörders Eichmann als »Hanswurst« nicht erwünscht; sie wurden als Verrat an den Juden empfunden.

Die Eichmann-Kontroverse ist mitsamt ihrer Aggressivität und Betroffenheit längst Vergangenheit. Wo man sich mit dem Buch auseinandersetzt, geschieht es mit mehr Sinn für Gerechtigkeit und größerer Sorgfalt. Nicht zuletzt hat dieses Buch auch dazu beigetragen, der historischen Forschung über das ebenso große wie furchtbare Thema der Endlösung Impulse zu vermitteln. Wenn man, wie der Autor dieses Buches, als Nichtbetroffener heute Hannah Arendts *Eichmann in Jerusalem* liest, kann man nicht mehr so leicht nachvollziehen, warum dieses Buch eine so starke und polarisierende Wirkung gehabt hat, die einem Skandal gleichkam. Mit diesem Buch vollendet Hannah Arendt angesichts der sie schockierenden Katastrophe des europäischen Judentums den geistigen Weg, den sie mit dem Totalitarismus-Buch eingeschlagen hatte. Es war der Weg einer deutschen Jüdin, die durch das ihr aufgezwungene historische Schicksal ein jüdisches und politisches Bewußtsein entwickelte, welches zur Grundlage eines neuartigen politischen Denkens wurde, eines Denkens, mit dem sie der Idee der Politik als Freiheit einen Weg wies, der aus den finsteren Zeiten herausführen sollte, in denen Figuren wie Adolf Eichmann die Macht hatten, über Leben und Tod von Millionen unschuldiger Menschen zu entscheiden.

TEIL FÜNF

Das persönliche Umfeld

Hannah Arendt, 1963

Geistige Bindungen, Liebe, Freundschaft

Ein so umfangreiches und selbständiges Werk wie das der Hannah Arendt entsteht nicht ohne geistige Bindungen und persönliche Beziehungen. In ihrem Leben haben derartige Verbindungen, trotz aller Bemühungen um geistige Originalität, eine maßgebliche Rolle gespielt. Nachdem seit ihrem Tod im Jahre 1975 die wichtigsten dieser Beziehungen durch die Veröffentlichung der mit Hannah Arendt geführten Briefwechsel dokumentiert worden sind, können wir nachlesen, was die darin offenbarten Freundschaften für ihr Leben und Denken bedeutet haben. Ich gliedere dieses in den Briefbänden verlebendigte persönliche Umfeld nach der Bedeutung, die diese Bezugspersonen für sie gehabt haben, und stelle sie und ihren geistigen und persönlichen Einfluß auf Hannah Arendt in folgender Reihung vor: ihr zweiter Ehemann Heinrich Blücher, ihr philosophischer Lehrer und Freund Karl Jaspers, ihr philosophischer Lehrer und zeitweiliger Geliebter Martin Heidegger, ihr jüdischer Freund und Mentor Kurt Blumenfeld und die Freundin und amerikanische

Schriftstellerin Mary McCarthy. Natürlich reicht das persönliche Umfeld der Philosophin weit über diese fünf Personen hinaus, aber auf der Basis der veröffentlichten Briefwechsel Arendts mit diesen engsten Bezugspersonen gewinnen wir eine lebendige Anschauung von dem, was Liebe und Freundschaft für sie bedeuteten, verbunden mit dem für sie so kennzeichnenden Drang, durch das Gespräch das eigene Verstehen und Bewußtsein zu klären und zu bereichern.

Heinrich Blücher

Heinrich Blücher (1899–1970) war Hannah Arendts zweiter Mann. Ihr erster Ehemann, Günther Stern, der Sohn
damals bedeutender Kinderpsychologen, den sie 1929 in
Berlin geehelicht hatte, war in den ersten Monaten des Pariser Exils noch in ihrer Nähe gewesen, hatte sich aber
1936 in die USA abgesetzt. Er wurde unter dem Pseud-
onym Günther Anders einer der bekanntesten gesell-
schaftskritischen Schriftsteller der Bundesrepublik der
Nachkriegszeit. Blücher und Arendt begegneten sich erst
zwei Jahre nach ihrer Flucht aus NS-Deutschland in Paris,
in einem der vorwiegend aus deutschen Intellektuellen und
Künstlern bestehenden Gesprächskreise von Emigranten.
Heinrich Blücher war kein Jude, sondern war wegen seiner politischen Vergangenheit in der KPD und linksextre-
men Gruppierungen aus Berlin geflüchtet. Man hat ihn oft
als Anarchisten bezeichnet. Sie lernten sich im Frühjahr
1936 kennen. Als die junge Frau im August dieses Jahres
zur Gründung des jüdischen Weltkongresses nach Genf
fuhr, beginnt ein Briefwechsel, der die wachsende Nähe

Heinrich Blücher, um 1936

der beiden bezeugt, die schließlich – nach erfolgter Scheidung von ihren ersten Ehepartnern – 1940 einander heiraten. Der 1996 erschienene Briefwechsel ist das großartige
Dokument einer Beziehung, die beide Partner zutiefst ergriffen und geprägt hat. Sie ist ein außergewöhnliches Beispiel für eine intensive persönliche und geistige Verbindung, wie sie selten in der Literatur bezeugt ist.[70]

Dies ist um so erstaunlicher, als hier zwei Menschen
produktiv zusammenfanden, die von ihrer Herkunft und
Entwicklung her gesehen, kaum für eine so anregende und
erfüllte Lebensgemeinschaft ausgerüstet waren. Blücher

entstammte dem Berliner Proletariat. Sein Vater wurde noch vor seiner Geburt das Opfer eines Betriebsunfalls. Seine Mutter mußte sich als Wäscherin durchbringen. 1917 muß er in den Krieg, überlebt eine Gasvergiftung und beginnt eine Lehrerausbildung, die er jedoch bald abbricht. Er wird Mitglied der Kommunistischen Partei, die ihn jedoch später ausschließt, weil er den prosowjetischen Kurs der KPD nicht billigen kann. Er schreibt für Zeitungen, taucht ein in die Film- und Künstlerszene Berlins, das er um seiner Sicherheit willen jedoch 1934 verläßt, um in Paris unterzukommen. Heinrich Blücher ist ein Autodidakt mit vielseitiger Begabung, rhetorisch beeindruckend und wie geschaffen, das relative politische Defizit Arendts wettzumachen. Daß die Philosophin eine politische Denkerin wurde, hat sie, außer Kurt Blumenfeld, vor allem Heinrich zu danken. Es besteht kein Zweifel, daß Hannah Arendts Entwicklung vor allem seit der Ankunft in den USA zu einem beachtlichen Maße von ihrem Mann beeinflußt worden ist.

Dies gilt vor allem für Hannah Arendts erstes großes Werk, die 1951 erschienenen *Origins of Totalitarianism*. Neben ihren Beschäftigungen zur Sicherung des Lebensunterhalts hatte Hannah Arendt etwa ein Jahr nach Kriegsende damit begonnen, an dem großen Buch zu arbeiten. Die Blüchers waren seit etwa 1943 über das furchtbare Verbrechen informiert, das die Nationalsozialisten an den europäischen Juden verübten. Sie empfanden diese Vorgänge als so ungeheuerlich, daß sie immer wieder darüber diskutierten, wie etwas möglich geworden war, das »nie hätte geschehen dürfen«. So entstand im ständigen Gespräch mit Heinrich bei Hannah Arendt die Absicht, ein Buch über die Entstehung der neuen Staatsform des Totalitarismus in Angriff zu nehmen. Heinrich half, so gut er konnte, durch ergänzende Studien in Bibliotheken, vor allem aber im regen Austausch mit seiner Frau, so daß man sogar davon gesprochen hat, das Buch sei eine Gemeinschaftsleistung, was freilich eine Übertreibung ist. Hannah Arendt hat es jedoch aus gutem Grund ihrem Heinrich Blücher gewidmet.

Die Ehe Arendt/Blücher war neben dem Wichtigsten, ihrer großen und tiefen Liebe, ein ständiges Diskussionsforum, oft bereichert durch die zahlreichen Freunde, die sie um sich versammelten. Zwar hatte Blücher anfangs etwas Mühe, mit bezahlter Arbeit zum gemeinsamen Unterhalt beizutragen und flüssig Englisch zu sprechen. Aber ihm, der nicht studiert hatte und keine akademischen Grade vorweisen konnte, wurde dank seiner geistigen und rhetorischen Fähigkeiten schließlich sogar die Chance eröffnet, Professor für Philosophie an einem angesehenen College zu werden. Entdeckt wurden Blüchers bemerkenswerte geistige und künstlerische Gaben unter anderem bei einer Veranstaltung eines New Yorker Künstlerclubs, der über ein Buch von André Malraux über die Psychologie der Kunst informiert werden wollte. Als die beiden geladenen Vortragenden nicht erschienen, sprang Heinrich Blücher in die Bresche und verblüffte sein Publikum durch seinen Kenntnisreichtum, seine rhetorische Begabung und seine Schlagfertigkeit. Dies war der Ausgangspunkt für eine akademische Laufbahn, die so geschätzt und erfolgreich war, daß ihm sein College, das Bard College im Staate

New York, am Ende die Würde eines Ehrendoktors verlieh, obwohl er kein einschlägiges Buch publiziert hatte.
Um so größer waren Blüchers Verdienste als »teacher«, als
Betreuer und Berater seiner Studenten, als begeisternder,
obwohl gänzlich unkonventioneller Verkünder philosophischen Wissens und Denkens. Hannah Arendt hatte
schon immer gewußt, was für einen Kopf und Mann sie an
ihrer Seite hatte, aber mit seiner Berufung an eine Hoch-
schule war er auch nach außen hin ein ihr ebenbürtiger und
angesehener Partner.

Ihrem Freund Blumenfeld hatte sie über ihre Ehe mit
Heinrich Blücher geschrieben: »Es ist so selten, daß Menschen sich gegenseitig helfen können, aber mir scheint, in
unserem Falle ist es wirklich so, daß wir beide ohne einander schwerlich durchgekommen wären« (Brief vom 1. April
1951). Das Leben wurde schwerer für Hannah Arendt, als
sie ohne Heinrich, der 1970 einem Herzschlag erlag, fortan
allein leben mußte. Es war für sie selbstverständlich, daß
sie fünf Jahre später ihre letzte Ruhestätte an Heinrich
Blüchers Seite im Bard College fand. Er war ihr Sokrates
gewesen, von dem Karl Jaspers ihr schrieb: »Wie Platos
Gedanken nicht ohne Sokrates wären, so Deine, wie sie
geworden sind, nicht ohne Heinrich.«[71]

Karl Jaspers

Es gehört zu den Besonderheiten der Biographie Hannah Arendts, daß sie mit den beiden größten deutschen Philosophen des 20. Jahrhunderts, Martin Heidegger und Karl Jaspers, in engster persönlicher Verbindung stand. Die erste gegenseitige Bekanntschaft machte Hannah Arendt mit diesen Heroen der deutschen Philosophie während ihres Studiums. Eine tiefgreifende Erfahrung für die junge Studentin war die intime Beziehung zu Martin Heidegger in den Anfangssemestern ihres Studiums der Philosophie an der Universität Marburg 1924/25. Wegen Heidegger, der ihrer Liebesbeziehung die Kontinuität und Verläßlichkeit versagen mußte, ging sie nach einem Zwischensemester in Freiburg 1926 an die Universität Heidelberg, um dort bei Karl Jaspers (1883–1969) zu promovieren. Sie schrieb in Heidelberg ihre Dissertation über den Liebesbegriff bei Augustin, mit der sie 1928 ihren philosophischen Doktor machte. Der Doktorvater sorgte auch dafür, daß diese Arbeit in einer von ihm herausgegebenen Reihe philosophischer Forschungen gedruckt wurde. Zwar war er von der

Qualität dieser Arbeit nicht voll überzeugt, aber er hatte sehr wohl erkannt, daß es sich bei dieser Studentin um eine außergewöhnliche Begabung handelte, die weitere Förderung verdiente. Er befürwortete deshalb ihr Gesuch um ein Stipendium bei der »Notgemeinschaft der Deutschen Wissenschaft«, mit dem sie, flankiert durch ein entsprechendes Gutachten von Martin Heidegger, ihre als Habilitationsschrift geplante Arbeit über Rahel Varnhagen finanzieren konnte.

In den Jahren vor der Machtergreifung der Nationalsozialisten haben der Professor und seine Schülerin eine Reihe von Briefen gewechselt, die im Laufe der Zeit zunehmend persönlicher wurden. Aus dem »sehr verehrten Herrn Professor« wird der »sehr verehrte, liebe Herr Professor«, schließlich der »liebe Herr Jaspers«. Dann trat wegen der Machtübernahme der Nazis Funkstille ein. Jaspers verlor 1937 seine philosophische Professur in Heidelberg, weil seine Frau Jüdin war, und bekam 1938 Publikationsverbot. Hannah Arendt lebte seit Mitte 1933 in Paris, bis ihr 1941 der rettende Sprung nach Amerika gelang. Nach dem Zusammenbruch des NS-Regimes führte der amerikanische Intellektuelle Melvin Lasky, der im deutschen Geistesleben der Nachkriegszeit als Herausgeber des *Monat* eine fruchtbare Rolle spielen sollte, die beiden wieder zusammen. Er hatte Jaspers im Sommer 1945 in Heidelberg besucht und ihm mitgeteilt, daß Hannah Arendt in New York lebe und dort publiziere. Mit seinem Brief vom 28. Oktober 1945 nimmt Karl Jaspers die Beziehung wieder auf. Er schreibt darin: »Oft hatten wir die Jahre mit Sorge an Ihr Schicksal gedacht und schon längst nicht mehr viel Hoffnung, daß Sie am Leben seien. Und nun dieses Wiedererscheinen nicht nur, sondern ein lebendiges geistiges Wirken aus der großen Welt! Sie haben, so scheint mir, unbeirrbar eine Substanz bewahrt, ob Sie in Königsberg, Heidelberg oder Amerika oder Paris sind.«[72]

Hannah Arendt antwortet am 18. November 1945: »Lieber, lieber Karl Jaspers – seit ich weiß, daß Sie beide durch den ganzen Höllenspektakel heil durchgekommen sind, ist es mir wieder etwas heimatlicher in dieser Welt zumute.« Damit beginnt der eigentliche Briefwechsel als Gedankenaustausch, der inzwischen vollständig dokumentiert ist und zweifellos zu den inhaltsreichsten Korrespondenzen gehört, die zwei bedeutende, miteinander vertraute und sich über alle Maßen schätzende Philosophen miteinander geführt haben. Es handelt sich um ein Konvolut von fast 400 Briefen, die von einer tiefgehenden geistigen und persönlichen Freundschaft getragen sind und die offenbaren, wie sehr zwei außerordentliche Persönlichkeiten sich nahekommen und befruchten können. Der Briefwechsel zwischen Karl Jaspers und Hannah Arendt ist das Dokument einer rückhaltlosen Freundschaft und Offenheit, die für beide außerordentlich bereichernd und darum ganz unverzichtbar war.

Zu dieser in dem Briefwechsel dokumentierten intensiven geistigen Verbindung muß man mit noch viel größerem Recht die direkten persönlichen Beziehungen rechnen, die beide seit 1949 miteinander pflegten. Es waren – wie man gezählt hat – insgesamt dreizehn Besuche, die Hannah Arendt im neuen Wohnort der Jaspers in Basel machte. Sie sind für ihr Denken eine Art Jungbrunnen gewesen, von

Hannah Arendt mit Gertrud und Karl Jaspers,
1952 in St. Moritz

dem sie in dem Fernsehgespräch mit Günter Gaus sagte:
»Das ist eigentlich mein stärkstes Nachkriegserlebnis gewesen. Daß es ein solches Gespräch gibt! Daß man so
sprechen kann!«[73] Von den Gesprächen gibt es natürlich
keine Aufzeichnungen, aber sie müssen für Hannah
Arendt selbst, aber auch für ihren philosophischen Erzie-
her eine Quelle großer Befriedigung und Bereicherung gewesen sein. Hannah Arendt hat dies bei ihrer Laudatio auf
Karl Jaspers bei der Verleihung des Friedenspreises des
Deutschen Buchhandels an ihn im Jahre 1958 mit den Worten umschrieben: »Denn in dieser kleinen Welt entfaltete
und übte sich seine unvergleichliche Fähigkeit für das Gespräch, die herrliche Genauigkeit des Zuhörens, die ständige Bereitschaft, Rede und Antwort zu stehen, die Ge-

duld, bei der einmal besprochenen Sache zu verweilen; ja mehr noch, die Fähigkeit, das sonst Verschwiegene in den Gesprächsraum zu locken, es sprechwürdig zu machen und so alles im Sprechen und Hören zu verändern, erweitern, verschärfen – oder, wie er selbst am schönsten sagen würde: erhellen.«[74]

Die Freundschaft mit Karl Jaspers, dem Hannah Arendt anfangs mit großem Respekt begegnete, verwandelte sich zunehmend in ein persönliches Für- und Miteinander, auf das beide allergrößten Wert legten. Karl Jaspers nahm es nicht ganz ernst, wenn Hannah Arendt darauf insistierte, keine Philosophin, sondern eine politische Theoretikerin sein zu wollen. Der Umgang mit Karl Jaspers, der sich mit einigen seiner Werke nachdrücklich in die Politik einmischte, hat Hannah Arendt zweifellos für die Fragen des Politischen empfänglicher gemacht. Sie tauschten selbstverständlich ihre Schriften miteinander aus und ließen es an lobenden Worten füreinander nicht fehlen. Hannah Arendt war auch bemüht, den Philosophen Karl Jaspers in den Vereinigten Staaten durch Übersetzungen seiner Werke und einführende Artikel bekannt zu machen. So sorgte sie z. B. dafür, daß auch sein in Deutschland mit Recht umstrittenes Buch *Wohin treibt die Bundesrepublik?* mit einem zustimmenden Vorwort von ihr in den USA herauskam.

Unter den veröffentlichten Briefwechseln der Hannah Arendt ist der mit Karl Jaspers der geistig und politisch ergiebigste. Den Philosophen der Existenzerhellung hatte es mit seinem Buch über die Atombombe und erst recht mit seiner Polemik gegen die Fehlentwicklung der Bundes-

Gertrud und Karl Jaspers, Theodor Heuss,
Hannah Arendt 1958 in der Paulskirche

republik und deren Verpflichtung auf die Wiedervereini-
gung zu politischen Themen getrieben, was der Korre-
spondentin aus New York viel Stoff zur Würdigung und
Kommentierung gab. Man schätzte sich gegenseitig zu
sehr, als daß man sich kritisiert hätte, doch gab es natürlich
Meinungsunterschiede. Jaspers gefiel es nicht so recht, daß
Hannah Arendts Deutschtum sich auf die Muttersprache,
die Philosophie und die Dichtung beschränken, aber mit
dem »geschichtlich-politischen Schicksal« ihres Geburts-
landes nichts zu tun haben wollte. Anders als Arendt betonte er bei der Idee des Judentums den religiösen Aspekt,
der ihr persönlich nicht wichtig war. Kurz: es gab abwei-
chende und überzogene Urteile, jedoch nie in den wesentlichen Fragen. »Durch seine persönliche Integrität, diese

gelebte Verbindung von Freiheit, Vernunft und Kommunikation« blieb Jaspers für Hannah Arendt ein Maßstab.
In Basel, wo die Jaspers wohnten, fand sie ein »europäi-
sches Zuhause«. Die Freundschaft mit dem ehemaligen
Doktorvater, die nach der Katastrophe so intensiv erneu-
ert und gepflegt wurde, war für beide eine Kontinuität
jenseits des Zivilisationsbruchs, der das 20. Jahrhundert
heimsuchte.

Sie hatten sich viel zu sagen und viel zu geben, aber das
Größte und Eindrücklichste waren gewiß ihre vielen langen Gespräche, die vor allem für Hannah Arendt so unverzichtbar waren, weil sie nie auf der Stelle traten, sondern
zu neuen Erkenntnissen und zu neuer Klarheit im Denken
führten. Bei ihrer Gedenkrede nach dem Tod von Karl
Jaspers, die Hannah Arendt am 4. März 1969 an der Universität Basel hielt, erinnerte sie noch einmal an die Ge-
sprächssituation, die sie so häufig und anregend mit Karl
Jaspers erleben durfte: »Das, was an einem Menschen das
Flüchtigste und doch zugleich das Größte ist, das gespro-
chene Wort und die einmalige Gebärde, das stirbt mit ihm
und es bedarf unser, daß wir seiner gedenken.«[75] Was Karl
Jaspers an seiner Schülerin und geistigen Gefährtin Hannah Arendt besonders schätzte, war ihre Unabhängigkeit.
»Daß sie sich an keine Ideologie, keine Weltanschauung,
keine philosophische Richtung und keine religiösen Be-
kenntnisse band, auch nicht an irgendwelche Normen und
Werte, die mit dem Anspruch auf universale Gültigkeit
auftraten, um an diesen Krücken heil durch die schwierig-
ste Zeit der Moderne zu kommen, hat ihn sehr beeindruckt.«[76]

Karl Jaspers verfolgte in seinen letzten Jahren sogar die Absicht, ein Buch über die Unabhängigkeit des Denkens zu schreiben, in dessen Mittelpunkt Hannah Arendt stehen sollte, weil ihr Verhalten und ihr Denken ihm exemplarisch zu sein schienen für solche Unabhängigkeit. Es ist dann doch nichts aus dieser Idee geworden, und Hannah Arendt war das auch lieber so.

Martin Heidegger

Hannah Arendts Beziehung zu Martin Heidegger (1889–1976) zog wegen dessen berüchtigtem Ruhm das meiste Interesse der Intellektuellen auf sich, doch blieb sie lange im verborgenen. Anders als Jaspers, dem die Nazis den Lehrstuhl genommen hatten, war Heidegger als Rektor der Freiburger Universität bald nach der Machtergreifung zum philosophischen Propagandisten der nationalen Revolution geworden. Der Wiederanknüpfung der Beziehung Hannah Arendts mit Heidegger nach dem Krieg stand dessen Verirrung unüberwindbar entgegen. Doch die Erinnerung an die einstige Liebe in Marburg war letztlich für Hannah Arendt stärker als alle Kritik an Heideggers Bekenntnis zum Nationalsozialismus, das ihm schwerlich verziehen werden konnte. So kam es zur Wiederbegegnung der beiden im Februar 1950 in Freiburg, die sich mit gewissen Unterbrechungen bis 1975 fortsetzte.

Die Öffentlichkeit wußte davon nichts. Bekannt war lediglich, daß Arendt ihr Studium der Philosophie unter Heidegger in Marburg begonnen hatte und sie in ihrem

Denken zweifellos auch von seiner ursprünglichen Art zu philosophieren beeindruckt und beeinflußt worden war. Erst 1982, also schon einige Jahre nach Hannah Arendts Tod, wurde durch die Biographie ihrer Schülerin Elisabeth Young-Bruehl bekannt, daß die damals erst achtzehn-jährige Marburger Philosophiestudentin, die ihren Lehrer bewunderte, mit diesem eine Zeitlang eine Liebesbezie-hung hatte. Die schriftlichen Dokumente der Beziehung liegen seit 1998 unter dem Titel *Briefe 1925 bis 1975 und andere Zeugnisse* in einer schönen Buchausgabe vor.⁷⁷ Den Briefwechsel kennzeichnet allerdings eine gewisse Asym-metrie: Während Heidegger, vielleicht aus Rücksicht auf seine Frau, die meisten Briefe seiner Studentin vernichtet hat und damit Hannah Arendts Stimme als Briefpartnerin unterrepräsentiert ist, sind seine Briefe an sie nahezu voll-ständig erhalten. Man kann sich in etwa ein Bild davon ma-chen, in welcher Weise die beiden brieflich miteinander verkehrten und was sie sich dabei zu sagen hatten. Das Lie-besverhältnis beginnt mit einem Brief Martin Heideggers vom 10. 02. 1925 an das »liebe Fräulein Arendt« mit den Worten: »Ich muß heute Abend noch zu Ihnen kommen und zu Ihrem Herzen sprechen.« Und es endet, wenn man vom letzten, rein informativen Antwortbrief Heideggers absieht, 1974 mit einem Schreiben Hannah Arendts aus ihrem Urlaubsort im Tessin: »Lieber Martin, nun ist es schon beinahe August, und ich wüßte gern bald, wie es mit einem Besuch in Freiburg steht. Hier ist herrlicher Sommer.«⁷⁸

Dazwischen liegen fünfzig Jahre, die weit stärker durch die Unterbrechung der Beziehung als durch deren Pflege gekennzeichnet sind. Die Briefe aus der Marburger Zeit sind Zeugnisse einer großen, intensiven, von beiden als mächtig und tief erfahrenen Liebe, die jedoch mit Rücksicht auf Heideggers Familien- und Professorenstand in die Heimlichkeit ausweichen muß. Hannah Arendt kann diesen Zustand nicht auf Dauer ertragen und wechselt deshalb ihren Studienort. Doch bleibt diese erste Liebeserfahrung mit Martin Heidegger ein Höhepunkt ihres Lebens, den sie nicht vergessen kann und will. Trotz allem, was seither politisch geschehen war, hat sie sich Heidegger wieder zu nähern versucht, als sie nach dem Kriege 1949/50 Deutschland wieder besuchen konnte. Er nimmt sie vor der ersten persönlichen Wiederbegegnung in Freiburg im Februar 1950 auf mit dem Satz seines Briefes, mit dem er ihre Bitte um ein Wiedersehen bestätigt: »Ich freue mich über die Gelegenheit, unsere frühe Begegnung als ein Bleibendes, jetzt eigens in die spätere Lebenszeit aufzunehmen.« So geschah es. Hannah Arendt wußte alles über Heideggers politischen Sündenfall, aber sie, die sonst so mutig war, brachte es aufgrund ihrer Liebe nicht über sich, von ihm eine klare Äußerung über sein Verhältnis zum Dritten Reich zu fordern. Für einige Forscher, die sich mit dem Leben und Werk Hannah Arendts beschäftigt haben, war darum die Wiederanknüpfung ihrer Beziehung zu Martin Heidegger und der fortdauernde große Respekt vor seinem Philosophieren sogar ein Grund, ihre politische Integrität in Zweifel zu ziehen; das jedoch erscheint mir völlig abwegig. Im Grunde handelte es sich doch für Hannah

Arendt bei ihrem Wiedersehen mit Heidegger nach dem Krieg um die erregende Prüfung, ob die Erinnerung an die gemeinsame große Liebe auch für Martin Heidegger noch etwas bedeutete. Sie konnte zu ihrer großen Befriedigung feststellen, daß es so war, obwohl die Beziehung, wie die weiteren Briefe zeigen, später einen etwas förmlichen Charakter annahm. Sogar Heideggers arg störende Ehefrau Elfride mußte in das Nachkriegsverhältnis einbezogen werden. Heidegger hatte ihr, die eine richtige »Nazisse« war, nämlich gestanden, Hannah Arendt sei seine größte Liebe gewesen.

In einem Gespräch mit Joachim Fest, dem wir ein treffliches, wenn auch subjektiv angereichertes Portrait der Hannah Arendt, besonders auch in ihrer Beziehung zu Heidegger, verdanken, äußerte sich diese mit folgenden Worten über die Bedeutung, die Martin Heidegger für sie gehabt hat: »Heidegger hat mich die Welt sehen und begreifen gelehrt und mir bei alledem das Empfinden verschafft, er führe mich zu mir selbst. Das galt für das Denken wie für das Fühlen – und für das mir damals schon so wichtige Verstehen auch. Heidegger hat mich in jedem Sinne zum Leben erweckt.« Oder an einer noch lapidareren Stelle: »Wie und was ich bin, geht auf Heidegger zurück; ihm verdanke ich alles!«[79]

Aber natürlich war dieser Heidegger auch der, der nicht nur ihrer Liebe keine Erfüllung schenken konnte. Im Blick der Öffentlichkeit war er stets auch der, der sich eine Zeitlang hatte verführen lassen, seines hohen Geistes Stimme den nationalsozialistischen Verbrechern und den Baumeistern des totalitären Staates zu leihen. Manche Autoren

Martin Heidegger 1967,
von Hannah Arendt fotografiert

haben Hannah Arendt aus dem Umstand, daß sie Heideggers Rolle im Dritten Reich eher nachsichtig behandelte, einen Strick zu drehen versucht. Aber dies führt zu nichts, wenn man damit ihr Werk und ihre politische Gesinnung treffen will. Um so verlockender scheint es für manche Arendt-Forscher zu sein, in ihrem Werk nach den Spuren Heideggers zu fahnden – ein ziemlich schwieriges Unterfangen, das ohne verläßliche Ergebnisse bleibt.

Hannah Arendts Verhältnis zu dem anderen großen Philosophen Karl Jaspers, der ihr einen Raum gegenseitigen Verstehens und Erhellens geöffnet hatte, war von ganz anderer Art als das zu Martin Heidegger. Jaspers und Arendt sprachen miteinander über alles, was ihnen wichtig schien, auf gleicher Augenhöhe. Mit Martin Heidegger, der sich für Hannah Arendts Publikationen gar nicht interessierte, gab es diesen offenen geistigen Austausch nicht. Es war ein immer neues Sich-Herantasten Hannah Arendts mit der Absicht, noch etwas von dem wiederzufinden und zu bewahren, was sie in den Marburger Monaten in Liebe miteinander verbunden hatte.

In einem Beitrag zum achtzigsten Geburtstag von Martin Heidegger hat sie das Erlebnis beschrieben, das ihr als junger Studentin die Vorlesungen Heideggers bedeuteten, nämlich die Begegnung mit einem ursprünglichen Philosophieren, einem ganz neuen Denken, einer überraschenden Verbindung von Vernunft und Poesie.[80] Heideggers neue Art des Philosophierens hat Hannah Arendt tief beeindruckt und sicherlich auch bis zu einem gewissen Maße geprägt. Aber es ist unergiebig, ihr Denken, vor allem ihr politisches Denken, mit dem Heideggers in eine direkte Verbindung zu bringen. Sie war eine Philosophin aus eigener Kraft und eigenem Recht. Ihren einstigen Geliebten konnte sie gerade darum nicht vergessen, weil er es war, der ihr den Weg zum eigenen Denken eroffnet hatte.

Kurt Blumenfeld

Im Sommersemester 1926, als sie in Heidelberg an ihrer
Dissertation arbeitete, wurde Hannah Arendt von ihrem
jüdischen Freund und Kollegen, Hans Jonas, der seit den
80er Jahren zu einem wichtigen, in Deutschland erfolgrei-
chen Philosophen wurde, dazu überredet, in einen Vortrag
von Kurt Blumenfeld (1884–1963) zu gehen. Blumenfeld
war damals Präsident der Zionistischen Vereinigung für
Deutschland. Er hat die erst zwanzigjährige Studentin
durch seine Persönlichkeit, seine Thesen über das Unheil
der Assimilation für das Judentum und die Ziele der zionistischen Bewegung außerordentlich beeindruckt. So entstand eine lebenslange Freundschaft. Hannah Arendt, die
später von sich gesagt hat, daß sie sich bis dahin für die
sogenannte Judenfrage überhaupt nicht interessierte habe
und sie eher langweilig fand, wurde durch die Begegnung
und enge Freundschaft mit Kurt Blumenfeld zu einer Persönlichkeit, die sich ihres Judentums immer stärker bewußt wurde.

In ihren Berliner Jahren von 1929 bis 1933 hatte Hannah Arendt enge Fühlung zu dem Kreis der Zionisten um Kurt Blumenfeld. Sie wurden gute Freunde und erinnerten sich in ihren späteren Briefen immer wieder jener ersten Begegnung in Heidelberg, die sie zueinander geführt hatte. Kurt Blumenfeld war es, der nach der Machtergreifung Hitlers Hannah Arendt mit der Aufgabe betraute, in der Berliner Staatsbibliothek Material über den Antisemitismus bei deutschen Verbänden zu sammeln, das dem in Prag vorgesehenen Zionisten-Kongreß des Jahres 1933 vorgelegt werden sollte.

Kurt Blumenfeld war zunächst 1933 nach Palästina gegangen, lebte aber dann von 1939 bis 1945 in New York, um die amerikanischen Juden für die Sache des Zionismus und die Unterstützung Palästinas zu gewinnen. Nach dem Ende des Krieges ging er nach Palästina zurück und war in jüdischen Organisationen aktiv. Der 1995 veröffentlichte Briefwechsel, der den eher unpassenden Titel ... *in keinem Besitz verwurzelt* trägt, begann im Juni 1945 und endete 1963, im Todesjahr Blumenfelds.[81] Er ist ein erhellendes Begleitbuch zu den großen Themen und Problemen des deutschen und des internationalen Judentums sowie des 1948 entstandenen Staates Israel. Die Korrespondenz ist geprägt vom Geist wahrer Freundschaft. Sie pflegt einen Ton der Vertrautheit und Offenheit, den Hannah Arendt bestätigt, wenn sie an Kurt Blumenfeld schreibt: »Wie sehr wir doch in Gang und Ruin der Zeiten immer die Selben (und *nicht* die Gleichen) bleiben.«[82] Der Freund ist immer wieder voller Bewunderung für die geistige Größe und Bedeutung der Freundin. Er schreibt ihr am 21. Dezember

1958: »Ich bewundere Dich grenzenlos ... Wie machst Du es nur, so viel und so gut zu schreiben? ... Ich danke Dir für alles, was Du tust.«[83] Darauf antwortete Arendt mit einer für sie bezeichnenden Sentenz: »Diese ganze sog. Berihmtheit ist mir schlechterdings zum Kotzen. Bitte, tue mir einen Gefallen und nimm sie nicht auch noch ernst.«[84] In einem Geburtstagsbrief an Kurt Blumenfeld vom 25. Mai 1959 schreibt sie: »Mein Lieber, dies wird offenbar kein Geburtstags-, sondern ein ganz ordinärer Liebesbrief. Denn so wie Du bist, sollten Menschen ja eigentlich sein; und weiß der liebe Himmel, sie kriegen und kriegen es nicht fertig. ... Leb wohl und laß uns noch recht lange in dieser Welt zusammenbleiben und zueinander halten. *Deine* Hannah«.[85]

Ingeborg Nordmann, die Herausgeberin der Korrespondenz, meint im Titel ihres Nachworts, diese Freundschaft habe »auf des Messers Schneide« gestanden. Liest man die Briefe beider, so ist davon nichts zu merken. Es scheint unmöglich, daß ihre Freundschaft je ernsthaft bedroht gewesen sein könnte. Gewiß, Kurt Blumenfeld erinnert daran, wie scharf sie manche Dispute über den Zionismus und seine Forderung nach einem Judenstaat in Palästina mündlich ausgetragen haben: er als der eher pragmatische Politiker, der selbst in Palästina lebte, sie als die Theoretikerin mit einer begründeten Idee für eine aktive politische Rolle des jüdischen Volkes, die sie dem herrschenden Zionismus entgegenstellte.

Heute kann man gelehrte Abhandlungen darüber lesen, ob Hannah Arendt überhaupt eine Zionistin gewesen ist. Blu-

Kurt Blumenfeld

menfeld hätte darüber gelacht. Natürlich war sie es – auf ihre Weise. Ihm wie ihr ging ihre Freundschaft über alles. Sie war ihm zeitlebens dankbar, daß sie in der Judenfrage und in der Politik allgemein seine Schülerin hat sein dürfen. Er war beglückt und stolz, mit einer Frau so lange befreundet zu sein, die es als politische Schriftstellerin und Denkerin so weit gebracht hatte. Voll Genugtuung reichte er ihr in einem Brief ein Lob der Schriftstellerin Hilde Spiel weiter, die in einer Rezension über Hannah Arendt geschrieben hatte, sie sei »die vitalste, sprühendste, wirklichkeitsnächste aller klugen Frauen, die wir kennen«. Das fand er auch. Warum ihm die Beziehung zu seinem »liebsten Hannahchen« so wichtig, ja unersetzbar war, bekannte er ihr mit den Worten: »Es ist für mich der größte Genuß, Deine Briefe zu lesen. Du bist ganz da, der einzige Mensch, der mir ohne Dreherei schreibt, was er für richtig hält. Welch ein Glück, solch eine Freundin zu besitzen!«[86]

War es für Kurt Blumenfeld selbstverständlich, daß er sich primär mit den Problemen seiner persönlichen und politischen Umgebung befaßte, so zeigt der Briefwechsel, wie sehr Hannah Arendt gerade durch Blumenfeld in die Auseinandersetzung mit den Fragen des jüdischen Lebens und der neuen Existenz Israels hineingezogen wurde.

Leider kam die so blühende Beziehung nicht mit Sicherheit zu einem versöhnlichen Ende. Kurz vor seinem Tode hatte Blumenfeld im Krankenhaus von der Veröffentlichung des Eichmann-Textes in der Zeitschrift *The New Yorker* erfahren und sich anscheinend Schlimmes darüber berichten lassen. Er glaubte, sich von ihr distanzieren zu sollen. Hannah Arendt, die gerade in Jerusalem weilte, besuchte den todkranken Freund, um ihm alles zu erklären. Ob eine Versöhnung stattgefunden hat, bleibt ungewiß. Angesichts der durchdringenden Kraft, mit der die Idee der Freundschaft aus der Korrespondenz zwischen Hannah Arendt und ihrem »Mentor« Kurt Blumenfeld spricht, ist dies unerheblich.

Mary McCarthy

Wie die vorliegenden umfänglichen Briefbände bezeugen, war Hannah Arendt auch eine große Briefschreiberin. Es war ihr wichtig, von Freunden umgeben zu sein und sich ständig mit ihnen auszutauschen. Da einige der wichtigsten Freunde jedoch nicht immer am Ort waren, unterhielt sie mit ihnen eine Korrespondenz, in der man den geistigen Austausch, den man am liebsten im Gespräch miteinander pflegte, auf Papier mit Hilfe der Post fortsetzte. So sind die Briefe an die vertrauten Freunde, die jetzt gesammelt vorliegen, ein höchst lebendiger Ausschnitt aus dem Leben und Denken der Hannah Arendt, das uns einen natürlichen Zugang zu ihrer Persönlichkeit verschafft.

Die Korrespondenz mit der amerikanischen Schriftstellerin Mary McCarthy (1912–1989), die es als Romanautorin (*The Group*) und Kultur-Essayistin zu einem beträchtlichen Erfolg in den USA brachte, ist besonders vielseitig und abwechslungsreich, weil hier die nach Amerika verschlagene gebildete Europäerin Hannah Arendt es mit

einer aus dem intellektuellen Mainstream hervorgegange-
nen typischen Amerikanerin zu tun hat. Die beiden haben
im Geiste des Vertrauens und der Freundschaft, der sie be-
seelt, einander viel zu bieten, vor allem, wenn sie zusammen sind. Sie lernten sich erstmals 1944 in der New Yorker
Intellektuellenszene kennen, als Hannah Arendt Lektorin
beim Schocken Verlag war. Doch zu einer echten Freundschaft zwischen den beiden Frauen, die von da an einander
wirklich brauchten, kam es erst ab 1951, dann aber ohne
Unterbrechung bis zu Hannah Arendts Lebensende. Es ist
die Korrespondenz von zwei Frauen, die beide Schriftstel-
lerinnen sind, sich ihre Werke gegenseitig zuschicken und
diese gerne loben, aber auch an einigen Stellen kritisch urteilen. Sie haben sich stets viel zu erzählen: über ihren Alltag und ihre Sorgen, über das literarische und kulturelle
Leben und viele seiner Figuren in den Vereinigten Staaten.
Sie sind ungeniert offen im Urteil über andere Menschen,
und vor allem verbindet sie ein großes gemeinsames Interesse an der politischen und kulturellen Entwicklung des
Landes, in dem sie leben. Wer lernen will, wie man enga-
giert und klug, wenn auch oft zugespitzt über politische
Vorgänge berichtet und sie beurteilt, der findet in den
Briefen der beiden Schreiberinnen viel interessantes Material. Das gegenseitige Vertrauen bedeutet auch, daß man
sich – insbesondere gilt das für Mary McCarthy, die ein
ziemlich bewegtes Liebesleben hat – intimere Dinge und
Probleme anvertraut, um die andere um ihr Urteil und
ihren Rat zu bitten. McCarthy hegt eine große Bewunderung für ihre Freundin Hannah, in der sie nicht nur eine
Vertraute mit gutem Rat für alle Lebenslagen sieht, son-

Hannah Arendt und Mary McCarthy
auf der Sizilienreise, April 1971

dern vor allem eine bedeutende Denkerin, die der Welt etwas zu sagen hat. Charakteristisch für die beiderseitige
Wertschätzung ist der Beginn eines Briefes Hannah Arendts
vom 9. Februar 1968, wo sie schreibt: »Liebste Mary, jedes
Mal, wenn ich einen Brief von Dir bekomme, wird mir bewußt, wie sehr ich Dich vermisse. Die Zeiten sind lausig,
und wir sollten näher beieinander sein.«[87]
  Es ist ein großes Vergnügen, diese Briefe zu lesen, auch

wenn sie natürlich viel Belangloses wie praktische Hinweise über Reisepläne, Unterkünfte und dergleichen enthalten. Der Briefwechsel zeigt, wie zwei durchaus verschiedene, begabte, weltoffene Frauen miteinander die Probleme ihrer Zeit, sowohl die drängenden politischen Fragen als auch die kulturellen Themen und intellektuellen Auseinandersetzungen, besprechen und beurteilen. In diesem Briefwechsel ist das politische und geistige Leben zwischen 1950 und 1975, vor allem in den Vereinigten Staaten, bestens eingefangen und reflektiert.

Einen ihrer letzten Briefe an Hannah Arendt endet Mary McCarthy mit den einfachen Worten: »Du fehlst mir. Alles Liebe, Mary«. Diese Freundschaft der Arendt mit einer bedeutenden amerikanischen Schriftstellerin führte zu einem Austausch, in dem die geistige Wachheit, Aufgeschlossenheit und Lebendigkeit zweier außergewöhnlicher Frauen ihren beredten Ausdruck findet.

Ähnlich urteilt Carol Brightman, die Herausgeberin des Briefwechsels, in ihrer ansonsten leider etwas überfrachteten Einleitung. Sie gab dem Band den Titel *Between Friends* und fand, es handele sich um eine »Romanze in Briefen«. In der Tat offenbaren diese Briefe mehr als nur einen offenen Dialog zwischen zwei Intellektuellen verschiedener Herkunft, nämlich eine »Freundschaft, die einer Liebesbeziehung nahekommt«. Inmitten der großen politischen und intellektuellen Kontroversen der 50er Jahre bildeten sie »eine Zweiergruppe, die in der Freundschaft Zuflucht fanden vor all den anderen Gruppen, deren Mißerfolge ihre Generation heimsuchten«.[88]

Mary McCarthy wurde von Hannah Arendt zur literarischen Nachlaßverwalterin ihres Werkes bestellt; sie war es auch, die die beiden ersten Bände der geplanten Trilogie *Vom Leben des Geistes* für die Veröffentlichung vorbereitet hat. Es war für sie eine Ehre, Hannah Arendts letztes Werk für den Druck bearbeiten zu dürfen. So schließt sich der Kreis.

TEIL SECHS

Was bleibt?
Das Vermächtnis der
Hannah Arendt

Hannah Arendt in München, um 1972

Ein offener Geist

Hannah Arendt hat ein außergewöhnliches und erfülltes
Leben geführt. Sie hat ein Werk geschaffen, das schon zu
ihren Lebzeiten, erst recht aber in den Jahrzehnten nach
ihrem Tod die geistige Welt des Westens in wachsendem
Maße interessiert und beschäftigt hat. Dieses Werk, erwachsen aus dem Drang, verstehen zu wollen, was in ihrer
Zeit Wirklichkeit war und wie diese sich entfaltet hat, ließ
sich nicht unter die großen Denkströmungen ihrer Zeit
einordnen, noch fügte es sich in das Rahmenwerk der etablierten akademischen Disziplinen. Das machte es ihr gewiß nicht leichter, in der gnadenlosen Konkurrenz der
Geister und Ideen überhaupt auf sich aufmerksam zu machen. Aber es gelang ihr, weil sie nicht nur die großen gei-
stig-politischen Themen und Probleme ihrer Zeit aufgriff
und in einer originellen Weise behandelte, sondern weil
sie so mutig war, sich gegen vorherrschende Denkmuster
zu wenden und ein geistiges Profil zu entwickeln, das
scharf und unverwechselbar war. Der Genius, der Hannah
Arendt antrieb, die Welt verstehen und gleichwohl auch

lieben, d. h. menschenwürdig gestalten zu wollen, trieb sie zur Arbeit. Was sie in der Zeitspanne von 25 Jahren, zwischen 1950 und 1975 geleistet hat, ist enorm und die Frucht eines unablässig denkenden Geistes, der es sich nie bequem machen will. Dieser Geist konzentrierte sich nicht nur auf die Grundfragen einer politischen Theorie im 20. Jahrhundert, er war weit und offen für das Leben der Kultur und der Literatur, für aktuelle Probleme des politischen Lebens, für die engagierte Beobachtung des politischen Alltags.

Es mag überraschen, von einem Vermächtnis der Hannah Arendt zu sprechen, denn sie hat der Nachwelt nicht konkret mitgeteilt, was ihr besonders wichtig war und welche Prioritäten sie in ihrem reichhaltigen Werk setzen wollte. Das müssen wir selbst für uns herausfinden, wenn wir sie lesen. Es ist keine leichte oder gar einfache Lektüre. Die intensive Beschäftigung mit ihrem Werk, die seit einigen Jahrzehnten auf internationaler Ebene im Gange ist, dient der Klärung und Beurteilung ihres Denkens, auch wenn dies nicht immer gut gelingt. Studiert man manche der Beiträge über das Werk Hannah Arendts, so ist die Verwirrung oft größer als die Erhellung. Ich habe deshalb, wie eingangs erwähnt, bewußt darauf verzichtet, die umfangreiche Sekundärliteratur, die immer mehr anschwillt, zu durchforsten und zu beurteilen. Dennoch scheint es mir wichtig, abschließend in knapper Form darzustellen, was aus meiner Sicht die für unsere Gegenwart wichtigsten Einsichten ihres politischen Denkens sind. Ich will zeigen, daß sie uns in der Tat eine Art von Vermächtnis hinterlassen hat, das uns einerseits hilft, den von der Politik für die

Humanität ausgehenden Gefahren zu widerstehen, und uns andererseits anleitet, durch echtes politisches Handeln der Menschlichkeit zu dienen.

»Ich will verstehen«

In dem berühmten Fernseh-Interview mit Günter Gaus 1964 hat Hannah Arendt mit Nachdruck betont, ihr Hauptanliegen sei es, die Wirklichkeit zu verstehen. Dieses »Ich will verstehen« ist in der Tat ein Schlüsselwort für ihr Leben als Denkerin und Schriftstellerin. Ohne diesen Antrieb, das Leben der Menschen in der Zeit verstehen zu wollen und es durch ihr Schreiben der Öffentlichkeit mitzuteilen, hätten wir heute nicht dieses Werk vor uns, das uns so viel Wissens- und Bedenkenswertes zu bieten hat, aber auch manche Rätsel aufgibt. Es war – in ihren Worten – ein Verstehenmüssen, dem sie sich hingab mit dem Ziel, ihre Erfahrungen einzubringen in ihr Denken und die Wirklichkeit unvoreingenommen zu erfassen. An einer anderen Stelle bezieht sie das Verstehen direkt auf den Schock der Erfahrung, die sie mit der Geschichte des Totalitarismus gemacht hat: »Verstehen heißt ... die Last, die unser Jahrhundert uns auferlegt hat, untersuchen und bewußt ertragen – und zwar in einer Weise, die weder deren Existenz leugnet noch sich unter deren Gewicht duckt.

Kurz gesagt: Verstehen heißt, unvoreingenommen und aufmerksam der Wirklichkeit, wie immer sie ausschauen mag, ins Gesicht zu sehen und ihr zu widerstehen.«[89]

Es handelt sich bei diesem Verstehen nicht bloß um intellektuelle Neugier, nicht um reines Wissenwollen, sondern um eine bestimmte Weise, die Wirklichkeit wahrzunehmen und sich auf sie einzulassen, die wir verstehend erkennen, mit der wir uns dadurch versöhnen können. Verstehen ist bei Hannah Arendt mehr, als sagen zu können, man habe etwas kapiert. Nach ihren Worten ist es »die spezifisch menschliche Weise, lebendig zu sein … Verstehen beginnt mit der Geburt und endet mit dem Tod.« Das sind, wie so oft bei Hannah Arendt, keine ganz eingängigen Formulierungen, auch keine Anleitungen, wie man vorgehen muß, wenn man verstehen will. Eher sind das Umschreibungen, die dem Verstehen eine besondere Bedeutung für das Menschsein zuweisen; sie zeigen es als eine nicht endende Tätigkeit auf, die, im Gegensatz zum Wissen, auch keine feststehenden Ergebnisse hervorbringt, sondern ihren Sinn darin hat, daß »wir uns mit dem, was wir tun und erleiden, zu versöhnen suchen«[90]. Verstehen ist also mehr als eine rein geistige Tätigkeit, es bedarf nicht nur des Kopfes, sondern auch des Herzens, d.h. der Einfühlung, der Fähigkeit, das Besondere, das Zufällige, von der Ratio nicht Vorgesehene wahrzunehmen.

Hannah Arendts Lehre vom Verstehen ist bezeichnend für die Eigenwilligkeit ihres Umgangs mit Begriffen, die Kritiker ihr gelegentlich zum Vorwurf gemacht haben. Man kann umgekehrt jedoch darin auch eine Erweiterung und Vertiefung unseres Verständnisses vom menschlichen

Verstehen erblicken. Dann dient richtiges Verstehen der Lebendigkeit, der Sinngebung und der Versöhnung; es stärkt unsere Einbildungskraft, mit der wir uns in der Welt orientieren können. Darum ist das Verstehenwollen, das Hannah Arendt in so eindrucksvoller Weise vorgelebt hat, eine Kraft, die uns vorwärts treibt, die uns befähigt, der Wirklichkeit ins Auge zu sehen und ihr zu widerstehen, wenn diese Wirklichkeit inhuman ist. So ist Hannah Arendts Bekenntnis »Ich will verstehen«, das sie ihr Leben lang inspiriert hat, nicht nur eine Aufforderung an ihre Mitmenschen, sich für die Welt zu öffnen und in ihr heimisch zu werden. Es weist auch den Weg zum Handeln und Urteilen, das an Reife und Menschlichkeit gewinnt, wenn es sich zuvor um das Verstehen bemüht hat.

Eine neue Idee des Politischen

Hannah Arendt hat uns als politische Denkerin eine neue Vorstellung von dem vermacht, was Politik sein könnte und sein sollte. Darin liegt ihr großer und bleibender Beitrag zur politischen Theorie unserer Epoche. Er ging hervor aus der kritischen Auseinandersetzung mit dem historisch neu auftretenden Phänomen des Totalitarismus, in dem Hannah Arendt zu Recht ein neuartiges Regime erblickte, das die Zerstörung aller Politik und die Verwandlung der Natur des Menschen zugunsten seiner Unterwerfung unter eine totale Herrschaft zum Ziel hatte. Der Zerstörung des Politischen stellte Hannah Arendt eine neue, von ihr entworfene Konzeption des Politischen entgegen, die den Ehrgeiz hatte, das politische Denken des Westens seit Platon zu korrigieren. Denn diese Tradition politischer Philosophie war nicht stark genug gewesen, das Aufkommen des Totalitarismus zu verhindern. Auch mit der modernen Politikwissenschaft, die in Amerika besonders ausgeprägt war, konnte sie sich nicht befreunden, da sie Politik primär unter dem Gesichtspunkt der Entstehung, Verteilung und Ausübung von Macht behandelte. Arendts Konzeption des Politischen ist ein Gegenmodell, das utopisch anmutet, weil es sich in der Wirklichkeit nur selten zeigt. Aber Hannah Arendt kann auf historische Erfahrungen zurückgreifen, in denen ihr Modell des Politischen sichtbar und greifbar nahe war: in der Welt der frühen griechischen Polis und bei den revolutionären Gründungen freier Republiken wie den Vereinigten Staaten von Amerika – ein Modell, das aber auch noch durchscheint in gewissen Phasen der revolutionären Rätebewegungen unserer Epoche. Es dient ihr als eine Art Kontrastprogramm zu den realen Vorgängen in der Politik, die, angefangen bei den Schwächen des modernen Liberalismus über die Defizite des demokratischen Sozialismus bis hinunter zu den Greueln des Totalitarismus, ihrem Politikverständnis radikal zuwiderlaufen. Dieses ist einem Leuchtturm vergleichbar, der Signale für das richtige politische Handeln aussendet: die Erinnerung daran, daß politisches Handeln Freiheit ist und Freiheit schafft, daß es unterschiedliche Menschen in einem öffentlichen Raum zusammenführt, wo sie zweckfrei und interessenunabhängig nach dem Gemeinwohl streben und spontan, dem Neuen gegenüber offen, agieren können. Hannah Arendts Verständnis des Politischen ist nicht wirklichkeitsfremd, weil es sich dafür eignet, die politische Realität zu verändern und zu verbessern. Man hat ihre Politik konzeption »kreativistisch« genannt (H. Bluhm), weil sie systematisch und mit Blick auf politische Praxis Ansatzpunkte für das Beginnen von Neuem erkunde. Darin liegen ihr Wert und ihre Bedeutung für eine politische Gegenwart, die sich aus diesem geistigen Arsenal für eine freie Republik bedienen kann, wenn sie die Kraft aufbringt, sich in Richtung auf Arendts Modell zu bewegen. Ihren Schwerpunkt hat sie in der Betonung des gemeinsamen politischen Handelns als einer Chance, etwas Neues anzufangen, worin die republikanische Idee der Freiheit lebendig ist.

In Wahrheit kommt es darauf an, sich dem Geist ihres politischen Denkens zu öffnen, das von der schrecklichen Erfahrung des Totalitarismus seinen Ausgang nahm und der Politik die rettende Aufgabe zuwies, die Menschen in ihrer Pluralität fähig zu machen, in Frieden miteinander zu leben und sich gegenseitig Rechte zu verleihen. Wie dies gehen könnte und was dafür geleistet werden müßte, dies sind die Fragen, auf die sie mit ihrer idealtypischen Konzeption von Politik als Handeln in Freiheit antwortet. Wer dieses der Humanität verpflichteten Geistes ist, der wird in der praktischen Politik mit ihren unendlich vielen Zuständen und Umständen nach Möglichkeiten suchen, Hannah Arendts hoher Idee des Politischen nahezukommen, und sich bewußt machen: Vereinbarung durch Sprechen und Handeln ist besser als Ausübung von souveräner Gewalt; gemeinsames Handeln (*acting in concert*) bewirkt mehr wahre Macht als bloße Herrschaft; die Wahrnehmung politischer Verantwortung ist besser als der Rückzug ins Private. Hannah Arendts besonderes Verständnis von Politik ist eine Einladung an die Bürger, mitzumachen, dabei zu sein und, allen Enttäuschungen und Frustrationen zum Trotz, teilzuhaben am öffentlichen Glück, das Handeln in Freiheit hervorbringt.

Die Chance des Neuanfangs

Hannah Arendt beendete ihr Buch über den Totalitarismus, der nach ihrem Urteil die uns bekannte Welt an ihr Ende zu bringen drohte, mit dem tröstlichen Hinweis, es sei das Versprechen des Endes, einen neuen Anfang erstehen zu lassen. Das Ende ist also nicht endgültig. Sie zitiert mehrfach ein Wort des Augustinus, demzufolge der Mensch geschaffen wurde, damit ein Anfang sei. »Dieser Anfang ist immer und überall da und bereit. Seine Kontinuität kann nicht unterbrochen werden, denn sie ist garantiert durch die Geburt eines jedes Menschen.«[91] Diese Hoffnung und Aussicht auf einen neuen Anfang kommt an zahlreichen Stellen ihres Werkes vor, ohne daß sie das Thema ausführlich behandelt hätte. Aber auf der Fähigkeit, etwas Neues zu beginnen und durch Geburt neue Menschen in die Welt hineinzustellen, von denen jeder für sich etwas unverwechselbar Neues ist, beruht Arendts Glaube an die Wirksamkeit menschlichen Handelns, die sie als Politik versteht. »Das Wunder, das den Lauf der Welt und den Gang menschlicher Dinge immer wieder

unterbricht und von dem Verderben rettet, ... ist schließlich die Tatsache der Natalität, das Geborensein, welches
die ontologische Voraussetzung dafür ist, daß es so etwas
wie Handeln überhaupt geben kann.«[92]

Glaube und Hoffnung seien an das Faktum der Gebürtlichkeit gebunden. Dies ist der Grund, warum die Idee des
Neuanfangs, die mit der Geburt beginnt, bei vielen Lesern
und Interpreten Hannah Arendts soviel Zustimmung aus-
gelöst hat. Denn damit verbindet eine Autorin, die soviel
Bedenkliches und Düsteres über die Welt und ihre Entwicklung in der Moderne zu sagen wußte, die immer-
während Chance auf einen Neuanfang für eine menschlichere Welt. Mit ihrer Hervorhebung der Natalität als
Neubeginn hat sie ein Zeichen der Hoffnung und Erneuerung für die Menschheit aufgestellt. Mit ihrer Geburt tre-
ten ständig neue Menschen ins Leben und können durch
ihr Handeln die Welt verändern. »Daß man in der Welt
Vertrauen haben und daß man für die Welt hoffen darf, ist
vielleicht nirgends knapper und schöner ausgedrückt als in
den Worten: Uns ist ein Kind geboren.«

Arendt spricht an anderer Stelle von einer zweiten Geburt, wenn wir handelnd Initiativen ergreifen und uns
damit in eigener Verantwortung in die Welt einschalten.
Gewiß steckt in dieser Hoffnung, mit der Geburt einen
Neuanfang zu verbinden, auch etwas Trügerisches. Denn
die Erfahrung zeigt, daß Menschen in der Regel in die
gegebenen Verhältnisse hineingeboren werden und sich
ihnen anpassen müssen; nur in Ausnahmefällen sind sie
fähig, ein Neues zu beginnen. Aber die Hervorhebung der
Natalität hat für sich, daß man sich im Prinzip nicht der oft

schlechten Wirklichkeit fügen muß, sondern darauf hoffen und vertrauen darf, daß neue Menschen ein Neues beginnen können. Man mag diese Hoffnung romantisierend finden, aber sie kann immer wieder tatsächlich eingelöst werden. Auch Hannah Arendt wußte, daß Handeln als Neubeginnen in seinem Ablauf und in seiner Wirkung unberechenbar ist, doch ihr war es wichtig, solches Handeln zu ermutigen und zu ermöglichen, um die Chance eines Neuanfangs nicht zu verfehlen.

»Das Recht, Rechte zu haben«

Schon im zweiten Teil ihres Totalitarismus-Buches mit
dem Titel »Imperialismus« hatte Hannah Arendt sich ausführlich mit dem schweren Schicksal jener Menschen befaßt, die seit dem Ersten Weltkrieg vor allem in Ost- und
Südeuropa als eine neue soziale Gruppe von mehr oder
weniger Rechtlosen auftauchten und nicht mehr in das
Schema des ethnisch homogenen Nationalstaates paßten.
Es waren die Flüchtlinge und die Staatenlosen sowie die
nationalen Minderheiten, die im 20. Jahrhundert zum Treib-
sand des politischen Schicksals wurden. Ihre eigene Erfahrung als eine von den Deutschen verfolgte und vertriebene
Jüdin hatte Arendts Sinne und Verstand für dieses neue
politische Problem geschärft, das in der Gegenwart so außerordentliche Dimensionen angenommen hat. Die Hit-
lersche Lösung der »Judenfrage« bestand nach ihren Worten darin, die Juden zunächst als eine nationale Minderheit
zu ächten und dann Stück für Stück aller Rechte zu berauben; dann habe man sie »als Staatenlose über die Grenzen
gejagt und schließlich überall wieder sorgsam eingesam-

melt und in die Vernichtungslager transportiert«⁹³. Damit
hätten die Nazis demonstrativ aller Welt gezeigt, wie man
die Minderheiten- und Staatenlosenprobleme wirklich »li-
quidieren« könne. Arendt sieht im Auftauchen der Flüchtlinge und Staatenlosen einen Fluch, der auf allen neuen
Staaten der Erde laste, die nach dem Vorbild des homogenen Nationalstaates im 20. Jahrhundert errichtet worden
seien. Ein Blick in viele Staaten der Dritten Welt bestätigt
ihre frühe Einsicht. Sie war überhaupt eine der ersten, die
das Thema Flüchtlinge und die prekäre Lage von nationalen Minderheiten zu einem Gegenstand der politischen
Wissenschaft gemacht hat.

Selbstverständlich geht Hannah Arendt der naheliegen-
den Frage nach, ob nicht die Erklärung von als »unabding-
bar und unveräußerlich« geltenden Menschenrechten, die
auf das 18. Jahrhundert zurückgeht, die Staatenlosen und
damit Rechtlosen ins Recht setzen könnte; aber sie zeigt,
wie illusionär derartige Erwartungen an die Menschenrechte sind. Sie werden dem abstrakten Menschen verliehen, sind jedoch für den konkreten Menschen nichts wert,
wenn dieser aus der staatlichen Gemeinschaft ausgeschlos-
sen ist. Und eben dies ist der Fall der Staatenlosen, wie sie es
in Frankreich an sich selbst erfahren hat. »Der Verlust der
Menschenrechte findet statt, wenn der Mensch den Standort in der Welt verliert, durch den allein er überhaupt
Rechte haben kann und der die Bedingung dafür bildet, daß
seine Meinungen Gewicht haben und seine Handlungen
von Belang sind.« Der Staatenlose verliert seine Menschen-
würde, wenn man ihn aus der Menschheit, und das heißt
konkret, aus jeglicher politischen Gemeinschaft entfernt.⁹⁴

Deshalb plädiert Hannah Arendt für ein neues Recht, das die Unzulänglichkeit, die Aporien der Menschenrechte, überwindet. Es ist *das Recht, Rechte zu haben*. Es steht jedem Menschen zu, so wie es das Recht jedes Menschen ist, zur Menschheit zu gehören. Darum müßte dieses Recht, Rechte zu haben, auch von der Menschheit garantiert werden. Hannah Arendt weiß, daß dieses Recht, Rechte zu haben, sich nicht durchsetzen läßt, auch nicht von einer Weltregierung, wenn es sie je gäbe. Doch die Schwierigkeit, ja vielleicht sogar die Unmöglichkeit der Umsetzung dieses Gedankens in die politische Realität nimmt diesem nichts von seiner Richtigkeit und Notwendigkeit. Er verpflichtet uns, Flüchtlinge und Staatenlose so rasch wie möglich mit Rechten auszustatten und ihnen einen Ort zu geben, an dem sie heimisch und politisch aktiv werden können. Die Staatenlosen unserer Zeit erleiden einen doppelten Verlust; sie verlieren ihre Heimat und damit den Ort, an dem sie für die Gemeinschaft wirken können. Als Flüchtlinge und Staatenlose verlieren sie überdies auch den Schutz einer politischen Ordnung. Und damit werden sie zu einer Bedrohung unserer Zivilisation. Deshalb müssen wir danach trachten und daran arbeiten, daß möglichst viele Menschen in den Genuß des höchsten und universalen Rechts kommen, des Rechts, Rechte zu haben.

Das Hohelied der Freundschaft

Viel zitiert wird der folgende Satz aus Hannah Arendts Brief an den großen jüdischen Gelehrten Gershom Scholem, der ihr wegen des Eichmann-Buchs den Vorwurf gemacht hatte, ihr fehle es an Liebe zum jüdischen Volk. Darauf antwortete sie: Sie habe in ihrem Leben nie ein Volk oder Kollektiv geliebt. »Ich liebe in der Tat nur meine Freunde und bin zu aller anderen Liebe völlig unfähig.« Freundschaft war für Hannah Arendt ein hohes Gut, und viele, die ihre Freundschaft erfahren und erleben durften, haben diese Seite ihres Wesens dankbar und rühmend hervorgehoben. Ihre Biographin Elisabeth Young-Bruehl betont, der *Eros der Freundschaft* sei Hannah Arendts eigentliche Triebkraft gewesen. Freundschaften habe sie für das Zentrum ihres Lebens gehalten.[95] In der Tat ist ihr ganzes Leben durchwebt und gesäumt von Freundschaftsbeziehungen, die ihrem Leben Halt und Inhalt gaben, was in den Jahren des Exils in Paris und New York besonders wichtig war. Doch um sie waren nicht nur die engen Freunde, die wie sie aus Nazi-Deutschland vertrieben worden waren und mit denen sie in ihrer Muttersprache verkehren konnte. Es gab auch zahlreiche amerikanische Intellektuelle, mit denen sie freundschaftlich verkehrte und die sie schätzte, weil sie eine offene Gesprächskultur pflegten. So war sie dank ihrer Freundschaften in beiden Welten zu Hause, zum einen in der europäischen Geisteskultur, aus der sie kam und mit der sie via Jaspers und Heidegger auch nach dem Krieg freundschaftlich eng verbunden blieb, zum anderen mit der historisch weniger belasteten Kultur amerikanischer Prägung, in der sie vornehmlich wirkte. Sie war dank vieler Gespräche mit ihren amerikanischen Freunden ohne jeden geistigen Hochmut gegenüber Amerika.

Wer sich ein Bild davon machen will, wie Hannah Arendt einige ihrer intensivsten Freundschaften lebte und pflegte, der kann durch die Lektüre der Briefe mit Karl Jaspers, Kurt Blumenfeld und Mary McCarthy einen lebendigen Eindruck davon gewinnen, aus welchem Stoff wahre Freundschaften gewebt sind. Diese Beziehungen lebten vor allem davon, daß man miteinander sprechen konnte. Am stärksten erfuhr Hannah Arendt das Sprechen als wichtigstes Bindemittel jeder wahren Freundschaft in ihrem Umgang mit Karl Jaspers, der von einem verehrten Lehrer zu einem ganz engen Freund wurde. Von ihm sagte Hannah Arendt: »Er hat eine Rückhaltlosigkeit, ein Vertrauen, eine Unbedingtheit des Sprechens, die ich bei keinem anderen Menschen kenne.«[96]

In ihrer Hamburger Lessing-Rede kam Hannah Arendt am Ende auf die Freundschaft zu sprechen, weil diese für die Menschlichkeit von Bedeutung sei. Sie erinnert daran, daß die Griechen das eigentliche Wesen der Freundschaft im Gespräch gesehen hätten: »Im Gespräch manifestiert sich die politische Bedeutung der Freundschaft …, weil dies Gespräch … der gemeinsamen Welt gilt. … Erst indem wir darüber sprechen, vermenschlichen wir das, was in der Welt, wie das, was in unserem eigenen Innern vorgeht, und in diesem Sprechen lernen wir, menschlich zu sein.«[97]

In Lessings *Nathan* geht es im Kern darum, die Freundschaft zwischen den Anhängern verschiedener Religionen höher zu bewerten als die Frage nach der Wahrheit. Lessings Größe liege in seiner Einsicht, daß es innerhalb der Menschenwelt die eine Wahrheit nicht geben kann, denn wo sie als vermeintliche Wahrheit mit Gewalt durchgesetzt wird, muß das Gespräch zwischen den Menschen verstummen: »Keine Einsicht in das Wesen des Islam oder das Wesen des Judentums oder das Wesen des Christentums hätte ihn (Lessing) davon abhalten können, sich mit einem überzeugten Mohammedaner oder einem frommen Juden oder einem gläubigen Christen in eine Freundschaft und das Gespräch der Freundschaft einzulassen.« Gegen eine Lehre beziehungsweise Religion, welche die Freundschaft zwischen zwei Menschen prinzipiell unmöglich macht, hätte Lessing sich »sofort auf die Seite der Menschen geschlagen«[98].

Es liegt auf der Hand, die politische Aktualität dieser Überlegungen über den Vorrang der Freundschaft vor dem Anspruch einer Religion auf Wahrheit in der Welt von heute zu sehen, wo religiöse Fanatiker die Ungläubigen als

Feinde bekämpfen. Hannah Arendt, die, politisch betrachtet, das Hohelied der Freundschaft angestimmt hatte, weil sie ungeachtet ihrer Verschiedenheit Menschen zum gemeinsamen Handeln zusammenführt, hat ihr eigenes persönliches Leben stets der Freundschaft gewidmet. Sie hat ein großartiges Beispiel dafür geliefert, wie die Freundschaft und das Gespräch als ihre wesentliche Grundlage das Leben der Freunde bereichern und, auf einer höheren Ebene, auch die Politik vermenschlichen können.

Hans Jonas, der Philosoph, mit dem sie seit ihrer Studienzeit befreundet war, hat bei seiner Abschiedsrede auf Hannah Arendt gesagt, sie sei ein »Genie der Freundschaft« gewesen. An die tote Freundin gewandt fährt er mit Blick auf die Trauernden fort: »Es sind so viele hier, die ein Loblied auf dich als Freundin singen können, die bezeugen können, daß, wenn du einmal ernsthaft eine persönliche Bindung eingegangen bist, dies für ein Leben war. Du hast die Treue gehalten, du warst immer da.«[99]

Ein Vorbild

Als Hannah Arendt im Beisein von Freunden am 4. Dezember des Jahres 1975 in ihrer New Yorker Wohnung einen Herzinfarkt erlitt, der ihrem Leben ein Ende setzte, war nur den Freunden und Bekannten voll bewußt, was für eine außergewöhnliche Persönlichkeit diese Hannah Arendt gewesen war. Das weltweite Interesse, das ihr Werk seither gefunden hat, wurde, beginnend mit Elisabeth Young-Bruehls Biographie, unterstützt durch Informationen und Berichte über ihren ungewöhnlichen Lebenslauf, ohne den das Werk, das sie hervorgebracht hat, nicht zureichend verstanden werden kann. Heute, zumal nach der Auswertung ihres Nachlasses in der Library of Congress, ist der Kreis dessen, was man über das Leben und Schreiben der Hannah Arendt wissen und erfahren kann, im wesentlichen abgeschritten. Ihr Werk liegt vor, desgleichen eine Anzahl wichtigster Briefwechsel. Ihr Rang in der politischen Wissenschaft mag noch umstritten sein, aber daß sie unter den politischen Theoretikern des 20. Jahrhunderts einen vorderen Platz einnimmt, ist bereits ein

Hannah Arendt 1975, kurz vor ihrem Tod

Faktum. Ob man Hannah Arendt für historisch relevant oder bedeutsam, für kreativ oder für politisch konstruktiv hält, das sind Fragen, die unter den zahlreichen Wissenschaftlern verhandelt werden, die sich mit ihrem Werk befassen.

Hannah Arendt hatte aus ihrer Erfahrung mit den Katastrophen des Totalitarismus im 20. Jahrhundert, die zur Zerstörung aller Politik führten, ihr Denken der Aufgabe gewidmet, wie eine Politik gestaltet sein müßte, welche die der Moderne innewohnenden Gefahren bannen könnte. Nur mit einer neuen Art und Idee von Politik könnte eine menschlichere Welt geschaffen werden. Diese Zielsetzung ist in der heutigen Welt mit ihren Gefährdungen und den immer wieder aufflammenden Kriegen, dem Terrorismus und den zahlreichen Konfliktzonen der Weltpolitik noch genau so aktuell wie nach den Verheerungen des Zweiten Weltkrieges. Ihre Botschaft an uns, die Bürger demokratischer Gesellschaften, lautet: Nehmt Eure politische Verantwortung für Euer Gemeinwesen wahr, kümmert Euch handelnd um den Zustand der Welt, laßt Euch nicht treiben von der Gier nach Konsum, die blind macht für die Schaffung einer freien Öffentlichkeit. Arendts Bedeutung als politische Denkerin liegt gerade nicht in fixen Antworten auf Probleme, die man einfach abrufen könnte, sondern in ihrer Aufforderung zu erkunden, wie eine menschliche Welt beschaffen sein könnte. Sie liegt in ihrer Überzeugung, daß politisches Handeln darauf gerichtet sein muß, unsere Welt so zu gestalten, daß man sie auch lieben kann (Arendts *amor mundi*).

Mögen sich die Arendt-Forscher auch weiterhin alle Mühe geben, die Arendtschen Texte zu interpretieren, und dabei, wie man sieht, zu arg unterschiedlichen Ergebnissen kommen, so tun wir normalen Leser gut daran zu wissen und zu spüren, daß hinter dem Wortlaut ihrer Texte eine Person steht, deren Gestalt auf das Geschriebene zurückwirkt. In ihrer Würdigung des Freundes und Kollegen Waldemar Gurian hat Hannah Arendt selbst auf diesen persönlichen Hintergrund aufmerksam gemacht. Die von ihr erarbeiteten und fertiggestellten Texte, das, was sie als Denkerin geleistet und hinterlassen hat, sind für sie nicht das letzte Wort, denn man kann hinter dem verstehbaren Produkt »ein Wesen spüren, das größer und geheimnisvoller bleibt, weil das Werk selbst auf eine dahinter befindliche Person zeigt«[100]. Von Waldemar Gurian, dem sie das nachsagt, schrieb sie, ihm sei die menschliche Qualität von Größe, nämlich die »Intensität, Tiefe, Leidenschaftlichkeit der Existenz selbst« vertraut gewesen. So kann man mit ihren eigenen Worten umschreiben, was Hannah Arendt als Mensch ausgezeichnet und angetrieben hat. Ihr Werk verweist auf die Einzigartigkeit der Person, die sich dahinter verbirgt, und damit auf die Leidenschaftlichkeit ihres Denkens und ihrer Existenz. Es ist diese hinter dem Werk stehende Existenz, die spürbar wird, wenn man ihre Schriften studiert, und die erklärt, warum Hannah Arendt in der Verbindung von Werk und Person eine so starke Anziehungskraft entfaltete.

Da ist ja nicht nur die Denkerin Hannah Arendt mit ihrem eigenen Beitrag zur politischen Theorie, da ist auch die kri-

tische Beobachterin des politischen Lebens mit ihren großen Aufsätzen zur Politik und ihren aktuellen politischen
Kommentaren, in denen sie offen Partei ergreift für das,
was ihr richtig und notwendig dünkt. Da sind ihre Vertrautheit mit dem Denken der Antike und ihre Offenheit für Literatur und Kunst. Hannah Arendt hat immer für sich
selbst gedacht und geurteilt und nicht nach Beifall geschielt.
Sie wußte sich zu wehren, wenn sie angegriffen wurde;
ihre Unabhängigkeit war ihr wichtiger als die Zugehörigkeit zu einer Richtung oder Gruppe. Es war bezeichnend
für sie, daß sie bei Eichmann, dem schlechthin Bösen, der
ihr zugleich so banal vorkam, die Gedankenlosigkeit als
das schlimmste aller Übel ausmachte. Darum war ihr das
Denken so wichtig; darum empfahl sie die Tugend des
Selbstdenkens, die sie selbst in so vorbildlicher Weise übte.

Natürlich hatte sie zahlreiche Kritiker. Ein Grund dafür
war, daß man sie mit ihrem vielseitigen Denken nicht in
einer der Schubladen unterbringen konnte, in die das geistige und politische Leben mit Vorliebe eingeteilt wird. Sie
war nicht »vom Fach«, war weder eine Historikerin noch
Soziologin, und ihre politische Philosophie galt manchen
als eine unzeitgemäße Mischung aus Romantik und Exi-
stentialismus. Treffender ist da allemal Hannah Arendts
eigene Formulierung, ihr geistiges Bemühen sei ein *Denken ohne Geländer*. Hinter diesem eigenen Denken stand
Hannah Arendt als eine Persönlichkeit mit der »Leidenschaftlichkeit der Existenz selbst«. Ihre Größe lag in ihrer
menschlichen Qualität.

Am 16. November des Jahres 1958 schrieb Hannah Arendt einen langen Brief an ihren verehrten Freund und philosophischen Gesprächspartner Karl Jaspers nach Basel. Sie war mitten in der Arbeit an ihrem Revolutionsbuch und fand die Beschäftigung mit der amerikanischen Revolution »atemberaubend spannend und großartig«. Dann nennt sie die Namen der Gründerväter der amerikanischen Republik: James Madison, Alexander Hamilton, Thomas Jefferson, John Adams und fügt hinzu: »– was für Männer.«[101]

Am Ende seiner Beschäftigung mit dem außerordentlichen Leben und Denken der Hannah Arendt steht für den Autor der Satz: Was für eine Frau!

ANHANG

Anmerkungen

1 Festschrift zur Vergabe des Hannah-Arendt-Preises für politisches Denken an Agnes Heller, Bremen 1995, S. 30. Das vorangehende Zitat: ebd., S. 38f.
2 Festschrift zur Vergabe des Hannah-Arendt-Preises für politisches Denken an François Furet, Heinrich-Böll-Stiftung 1996, S. 22.
3 Fernsehgespräch mit Günter Gaus, nachgedruckt in: Hannah Arendt, *Ich will verstehen. Selbstauskünfte zu Leben und Werk*, hrsg. von Ursula Ludz, München 1996, S. 52.
4 Ebd., S. 57.
5 Ebd., S. 57f.
6 Aus dem Aufsatz über Walter Benjamin in: Hannah Arendt, *Menschen in finsteren Zeiten*, München 1989, S. 211.
7 Gaus-Interview, in: *Ich will verstehen*, a. a. O., S. 55.
8 Schweizer Zeitschrift *DU*, Okt. 2000, Heft über Hannah Arendt, hier S. 6ff.
9 Über ihre Tätigkeit für den *Aufbau* siehe Hannah Arendt, *Vor Antisemitismus ist man nur noch auf dem Monde sicher. Beiträge für die deutsch-jüdische Emigrantenzeitschrift »Aufbau« 1941–1945*; hrsg. von Marie Luise Knott, München 2000.
10 Hannah Arendt an Heinrich Blücher, 25. Mai 1955 (aus Berkeley), in: Hannah Arendt/Heinrich Blücher, *Briefe 1936–1968*, hrsg. und mit einer Einführung von Lotte Köhler, München 1996, S. 384.
11 Gaus-Interview, in: *Ich will verstehen*, a. a. O., S. 44–70.

12 Deutsche Ausgabe (übers. von Hermann Vetter): *Vom Leben des Geistes*, 2 Bde., Bd. 1: *Das Denken*, Bd. 2: *Das Wollen*, München 1979. Dazu als Ergänzung für den nichtgeschriebenen Band über das Urteilen: *Das Urteilen. Texte zu Kants politischer Philosophie*, hrsg. von Ronald Beiner, übers. von Ursula Ludz, München 1985.

13 Hannah Arendt, *Elemente und Ursprünge totaler Herrschaft*, Frankfurt/M. 1955, Geleitwort S. VI und VII.

14 Ebd., S. XII.

15 Bernard Crick, »Arendt and the Origins of Totalitarianism«, in: Steven E. Aschheim (Hrsg.), *Hannah Arendt in Jerusalem*, Univ. of California Press 2001, S. 93.

16 *Elemente und Ursprünge totaler Herrschaft*, a. a. O.; die Abschnitte über die Massen, S. 504.

17 Ebd., S. 560.

18 So resümiert bei H. Bielefeldt, *Wiedergewinnung des Politischen*, Würzburg 1993, S. 31.

19 *Elemente und Ursprünge totaler Herrschaft*, a. a. O., S. 700.

20 Ebd., S. 715f.

21 Bernard Crick, »Arendt and the Origins of Totalitarianism«, a. a. O.; Margaret Canovan, *Hannah Arendt. A Reinterpretation of Her Political Thought*, Cambridge Univ. Press 1992.

22 Margaret Canovan, a. a. O., S. 62.

23 Hannah Arendt, *Zwischen Vergangenheit und Zukunft. Übungen im politischen Denken I*, hrsg. von Ursula Ludz, München 1994, S. 35.

24 Ebd., S. 124.

25 Ebd., S. 79.

26 Ernst Vollrath, »Hannah Arendt«, in: *Politische Philosophie des 20. Jahrhunderts*, hrsg. von Karl Graf Ballestrem und Henning Ottmann, München 1990, S. 13–32, S. 18.

27 Hannah Arendt, *Was ist Politik?* Aus dem Nachlaß hrsg. von Ursula Ludz, München 1993, S. 137.

28 Ebd., S. 124.

29 Ebd., S. 34.

30 Ebd., S. 39.

31 Dolf Sternberger, »Die versunkene Stadt. Über Hannah Arendts Idee der Politik«, in: *Hannah Arendt. Materialien zu ihrem Werk*, hrsg. von Adelbert Reif, Wien 1979, S. 109f.

32 Margaret Canovan, a. a. O., S. 277.

33 Jean-Claude Poizat, *Hannah Arendt. Une Introduction*, Paris 2003.

34 Eric J. Hobsbawm, »Hannah Arendt über die Revolution«, in: *Hannah Arendt. Materialien zu ihrem Werk*, a. a. O., S. 263–271.

35 Hannah Arendt, *Über die Revolution*, München 1974, S. 360.

36 Diskussion in Toronto 1972, in: *Ich will verstehen*, a. a. O., S. 71ff.

37 Joachim Fest, zit. bei Seyla Benhabib, *Hannah Arendt. Die melancholische Denkerin der Moderne*, Hamburg 1998, S. 351.

38 Margaret Canovan, »Arendts politisches Denken neu interpretieren«, in: Alte Synagoge (Hrsg.), *»Treue als Zeichen der Wahrheit«: Hannah Arendt – Werk und Wirkung* (Studienreihe der alten Synagoge 6), Essen 1997, S. 83–94, S. 84 und 94.

39 Paolo Flores d'Arcais, »Hannah Arendts unzeitgemäße Aktualität«, in: ebd., S. 95–108, S. 97.

40 Hannah Arendt, *Zwischen Vergangenheit und Zukunft*, a. a. O., S.18.

41 Alle folgenden Zitate über Deutschland und die USA finden sich in dem Band *In der Gegenwart*, München 2000. Hier aus dem Aufsatz »Das ›deutsche Problem‹ ist kein deutsches Problem«, S. 9–25.

42 Ebd., S. 26–37.

43 Ebd., S. 38–63.

44 Ebd., S. 64–69.

45 Die Essays über die amerikanische Republik finden sich in: *In der Gegenwart*, a. a. O., S. 209–369.

46 Ebd., S. 283ff.

47 Ebd., S. 322ff.

48 Ebd., S. 354ff.

49 *Menschen in finsteren Zeiten*, a. a. O.

50 Ebd., S. 49–74.

51 Ebd., S. 185–242.

52 Ebd., S. 243–289.

53 Ebd., S. 310–323.

54 Hannah Arendt/Karl Jaspers: *Briefwechsel 1926–1969*, hrsg. von Lotte Köhler und Hans Saner, München 1985, S. 234.

55 Gaus-Interview, in: *Ich will verstehen*, a. a. O., S. 48.

56 Hannah Arendt, *Eichmann in Jerusalem. Ein Bericht von der Banalität des Bösen*, München, erw. TB-Ausgabe 1986.

57 Gaus-Interview, in: *Ich will verstehen*, a. a. O., S.52.

58 Hannah Arendt, *Zur Zeit*, darin »Wir Flüchtlinge«, München 1989, S. 20.

59 Hannah Arendt, »Peace or Armistice in the Near East«, in: *The Review of Politics* 12, 1950, Heft 1, S. 56–82.

60 Anson Rabinbach, »Hannah Arendt und die New Yorker Intellektuellen«, in: *Hannah Arendt Revisited: Eichmann in Jerusalem und die Folgen*, hrsg. von Gary Smith, Frankfurt/M. 2000, S. 34.

61 *Eichmann in Jerusalem. Ein Bericht von der Banalität des Bösen*, a. a. O., S. 52.

62 Richard J. Bernstein, »Verantwortlichkeit, Urteilen und das Böse«, in: *Hannah Arendt Revisited: Eichmann in Jerusalem und die Folgen*, a. a. O., S. 291–309, S. 307.

63 Steven E. Aschheim (Hrsg.), *Hannah Arendt in Jerusalem*, a. a. O., S. 1ff.

64 R. I. Cohen, »*A Generation's Response to ›Eichmann in Jerusalem‹*«, ebd., S. 253ff.

65 Amos Elon, »Hannah Arendts Exkommunizierung«, in: *Hannah Arendt Revisited: Eichmann in Jerusalem und die Folgen*, a. a. O., S. 17–32, S. 19.

66 Hannah Arendt/Karl Jaspers: *Briefwechsel 1926–1969*, a. a. O., S. 563.

67 *Eichmann in Jerusalem. Ein Bericht von der Banalität des Bösen*, a. a. O., S. 218.

68 Arendts Antwort an Scholem ist abgedruckt in dem Band *Ich will verstehen*, a. a. O., S. 29ff. Die Auseinandersetzung wird behandelt von Stéphane Mosès in seinem Aufsatz »Das Recht zu urteilen«, in: *Hannah Arendt Revisited: Eichmann in Jerusalem und die Folgen*, a. a. O., S. 78ff.

69 *Ich will verstehen*, a. a. O., S. 30f.

70 Hannah Arendt/Heinrich Blücher: *Briefe 1936–1968*, a. a. O.; über das Verhältnis berichtet ausführlicher Bernd Neumann, *Hannah Arendt und Heinrich Blücher*, Berlin 1998.

71 Siehe für die Zitate und die Rolle Blüchers als »Dr. Sokrates an ihrer Seite« den Beitrag von Wolfgang Heuer in der Zeitschrift *DU*, a. a. O.

72 Hannah Arendt/Karl Jaspers: *Briefwechsel 1926–1969*, a. a. O., S. 58.

73 Gaus-Interview, in: *Ich will verstehen*, a. a. O., S. 70.

74 *Menschen in finsteren Zeiten*, a. a. O., S. 96.

75 Hannah Arendt/Karl Jaspers: *Briefwechsel 1926–1969*, a. a. O., S. 720.

76 Hans Saner, »Philosophie beginnt zu Zweien«, in: *DU*, a. a. O., S. 14f., S. 15.

77 Hannah Arendt/Martin Heidegger: *Briefe 1925–1975*, hrsg. von Ursula Ludz, Frankfurt/M. 1998.

78 Ebd., S. 254.

79 Joachim Fest, »Das Mädchen aus der Fremde. Hannah Arendt und das Leben auf lauter Zwischenstationen«, in: ders., *Begegnungen: Über nahe und ferne Freunde*, Reinbek 2004, S. 176–214.

80 *Menschen in finsteren Zeiten*, a. a. O., S. 172ff.

81 Hannah Arendt/Kurt Blumenfeld: *»... in keinem Besitz verwurzelt«. Die Korrespondenz*, hrsg. von Ingeborg Nordmann und Iris Pilling, Hamburg 1995.

82 Ebd., S. 167.

83 Ebd. S. 225.

84 Ebd. S. 226.

85 Ebd. S. 235.

86 Ebd., S. 161.

87 Hannah Arendt/Mary McCarthy: *Im Vertrauen. Briefwechsel 1949–1975*, hrsg. und mit einer Einleitung von Carol Brightman, München 1995, S. 317.

88 Ebd., S. 36.

89 Im Vorwort zur ersten englischen Ausgabe des Buches *The Origins of Totalitarianism* (1950), hier zitiert nach: *Ich will verstehen*, a. a. O., Anm. 3, S. 13.

90 Hannah Arendt, »Verstehen und Politik«, in: *Zwischen Vergangenheit und Zukunft*, a. a. O., S. 111.

91 *Elemente und Ursprünge totaler Herrschaft*, a. a. O., S. 752.

92 *Vita activa oder Vom tätigen Leben*, München 1999 (TB), S. 316.

93 *Elemente und Ursprünge totaler Herrschaft*, a. a. O., S. 465.

94 Ebd., S.477.

95 Elisabeth Young-Bruehl, *Hannah Arendt, Leben, Werk und Zeit*, Frankfurt/M. (TB) 2000, S. 15.

96 Gaus-Interview, in: *Ich will verstehen*, a. a. O., S. 69.

97 *Menschen in finsteren Zeiten*, a. a. O., S. 41.

98 Ebd., S. 46f.

99 Zitiert nach: Alois Prinz, *Beruf Philosophin*, Weinheim 1998, S. 310.

100 *Menschen in finsteren Zeiten*, a. a. O., S. 317.

101 Hannah Arendt/Karl Jaspers: *Briefwechsel 1926–1969*, a. a. O., S. 393.

Auswahlbibliographie

I. Schriften Hannah Arendts in deutscher Sprache

Elemente und Ursprünge totaler Herrschaft, München 1986

Vita activa oder Vom tätigen Leben, München 1981

Über die Revolution, München 1974

Der Liebesbegriff bei Augustin, Berlin 1929

Rahel Varnhagen. Lebensgeschichte einer deutschen Jüdin aus der Romantik, München 1981

Zwischen Vergangenheit und Zukunft. Übungen im politischen Denken I, hrsg. von Ursula Ludz, München 1994

In der Gegenwart. Übungen im politischen Denken II, hrsg. von Ursula Ludz, München 2000

Vor Antisemitismus ist man nur noch auf dem Monde sicher. Beiträge für die deutsch-jüdische Emigrantenzeitung *Aufbau*, hrsg. von Marie Luise Knott, München 2000

Denktagebuch 1950–1973, 2 Bde., hrsg. von Ursula Ludz und Ingeborg Nordmann, München 2002

Was ist Politik? Fragmente aus dem Nachlaß, hrsg. von Ursula Ludz, München 1993

Eichmann in Jerusalem. Ein Bericht von der Banalität des Bösen, München 1997

Menschen in finsteren Zeiten, hrsg. von Ursula Ludz, München 1989

Vom Leben des Geistes. Bd. 1: *Das Denken*; Bd. 2: *Das Wollen*, München 1979

Eine Zusammenstellung *aller* Veröffentlichungen Arendts in chronologischer Reihenfolge findet sich in dem von Ursula Ludz herausgegebenen Band Arendts *Ich will verstehen. Selbstauskünfte zu Leben und Werk*, München 1996.

II. Die Briefwechsel

Hannah Arendt/Heinrich Blücher, *Briefe 1936–1968*, hrsg. von Lotte Köhler, München 1996
Hannah Arendt/Karl Jaspers, *Briefwechsel 1926–1996*, hrsg. von Lotte Köhler und Hans Saner, München 1985
Hannah Arendt/Mary McCarthy, *Im Vertrauen. Briefwechsel 1949–1975*, hrsg. von Carol Brightman, München 1996
Hannah Arendt/Kurt Blumenfeld, *»… in keinem Besitz verwurzelt«. Die Korrespondenz*, hrsg. von Ingeborg Nordmann und Iris Pilling, Hamburg 1995
Hannah Arendt/Martin Heidegger, *Briefe 1925–1975 und andere Zeugnisse aus den Nachlässen*, hrsg. von Ursula Ludz, Frankfurt a. Main 1998
Hannah Arendt/Hermann Broch, *Briefwechsel 1946–1951*, hrsg. von Paul Michael Lützeler, Frankfurt a. Main 1996
Hannah Arendt/Uwe Johnson, *Der Briefwechsel 1967–1975*, Frankfurt a. Main 2004

III. Sekundärliteratur in Buchform

Alte Synagoge (Hg.), *Treue als Zeichen der Wahrheit. Hannah Arendt: Werk und Wirkung*, Essen 1997
Aschheim, Steven E. (Hg.), *Hannah Arendt in Jerusalem*, Berkeley 2001
Barley, Delbert, *Hannah Arendt. Einführung in ihr Werk*, Freiburg/München 1990
Barnouw, Dagmar, *Visible Spaces. Hannah Arendt and the German-Jewish Experience*, Baltimore 1990
Benhabib, Seyla, *Hannah Arendt – Die melancholische Denkerin der Moderne*, Hamburg 1998
Bernauer, James W. (Hg.), *Amor Mundi: Explorations in the Faith and Thought of Hannah Arendt*, Dordrecht 1987

Bernstein, Richard J., *Hannah Arendt and the Jewish Question*, Oxford 1996

Bielefeldt, Heiner, *Wiedergewinnung des Politischen. Eine Einführung in Hannah Arendts politisches Denken*, Würzburg 1993

Breier, Karl H., *Hannah Arendt zur Einführung*, Hamburg 1992

Canovan, Margaret, *Hannah Arendt, A Reinterpretation of her Political Thought*, Cambridge 1992

Enegrén, André, *La pensée politique de Hannah Arendt*, Paris 1984

Friedmann, Friedrich Georg, *Hannah Arendt. Eine deutsche Jüdin im Zeitalter des Totalitarismus*, München 1985

Gottsegen, Michael G., *On the Political Thought of Hannah Arendt: Action, Self and World in the Search for a New Logos of Politics*, New York 1993

Grunenberg, Antonia, *Arendt.* Reihe Meisterdenker, Herder Verlag Freiburg 2003

Heuer, Wolfgang, *CITIZEN. Persönliche Integrität und politisches Handeln. Eine Rekonstruktion des politischen Humanismus Hannah Arendts*, Berlin 1992

Heuer, Wolfgang, *Hannah Arendt*, rororo-Bildmonographie, Hamburg 1987

Hill, Melvyn A. (Hg.), *Hannah Arendt: The Recovery of the Public World*, New York 1979

Kateb, Georg, *Hannah Arendt: Politics, Conscience*, Evil. Totowa, NJ 1984

Kemper, Peter (Hg.), *Die Zukunft des Politischen. Ausblicke auf Hannah Arendt*, Frankfurt a. Main 1993

Nordmann, Ingeborg, *Hannah Arendt*, Frankfurt a. Main 1994

Parekh, Bikhu, *Hannah Arendt and the Search for a New Political Philosophy*, New York 1981

Poizat, Jean-Claude, *Hannah Arendt, Une introduction*, Paris 2003

Prinz, Alois, *Beruf Philosophin oder Die Liebe zur Welt*, Weinheim 1998

Reif, Adelbert (Hg.), *Hannah Arendt. Materialien zu ihrem Werk*, Wien/München/Zürich 1979

Smith Gary (Hg.), *Hannah Arendt Revisited: »Eichmann in Jerusalem« und die Folgen*, Frankfurt a. Main 2000

Thaa, Winfried/Probst, Lothar (Hg.), *Die Entdeckung der Freiheit. Amerika im Denken Hannah Arendts*, Berlin/Wien 2003

Villa, Dana R., *Arendt and Heidegger. The Fate of the Political*, Princeton, NJ 1996

Young-Bruehl, Elisabeth, *Hannah Arendt. Leben, Werk und Zeit*, Sonderausgabe als Fischer Taschenbuch, Frankfurt a. Main 2000

Zeittafel

1937–38 Fertigstellung des Buches über Rahel Varnhagen
1938–40 Ab November 1938 wieder »Sozialarbeit« in Zusammenarbeit mit der Jewish Agency for Palestina (Jerusalem) und französischen Zionisten
1940 Januar: Heirat mit Heinrich Blücher; Mai bis Juli: fünf Wochen Internierung
1941 Mai: Ankunft in New York zusammen mit Heinrich Blücher
1941–52 Journalistisch-politische und Lehrtätigkeit, u. a. Kolumnen für den »Aufbau«
1946–48 Lektorin beim Schocken Verlag in New York
1949–52 Geschäftsführerin der Jewish Cultural Reconstruction in New York
1949–50 November bis März: erste Europareise, u. a. Wiedersehen mit Karl Jaspers und Martin Heidegger
1951 Veröffentlichung von »The Origins of Totalitarianism« (1955: »Elemente und Ursprünge totaler Herrschaft«); ab Dezember amerikanische Staatsbürgerin
1953 Vorlesungen an der Princeton University
1954 Vorlesungen an der University of Notre Dame
1955 Visiting Professor an der University of California in Berkeley; im Herbst Europareise
1956 Vorlesungen an der University of Chicago; Arbeiten an »The Human Condition«; im Herbst Europareise
1958 Europareise, Veröffentlichung von »The Human Condition« (1960: »Vita activa«); Veröffentlichung von »Rahel Varnhagen: The Life of a Jewess« (1959: »Rahel Varnhagen: Lebensgeschichte einer deutschen Jüdin aus der Romantik«), im September Laudatio auf Karl Jaspers in Frankfurt a. Main
1959 Gastprofessur an der Princeton University, Arbeiten an »On Revolution«
1960–61 verschiedene Gastprofessuren, u. a. an der Columbia University, der Northwestern University und der Wesleyan University
1961 April und Juni: Teilnahme am Eichmann-Prozeß in Jerusalem (für die Zeitschrift »The New Yorker«)
1962 Gastvorlesungen an der University of Chicago
1963 Februar: »The New Yorker« beginnt mit der Veröffentlichung von »Eichmann in Jerusalem«. Die Buchausgabe

erscheint in den USA und in Großbritannien (1964: »Eichmann in Jerusalem. Ein Bericht von der Banalität des Bösen«); Veröffentlichung von »On Revolution« (1965: »Über die Revolution«)

1963–67 Professorin an der University of Chicago

1967–75 Professorin an der New School for Social Research, New York

1968 Veröffentlichung von »Men in Dark Times« (1989: »Menschen in finsteren Zeiten«)

1969 Februar: Tod von Karl Jaspers, im Sommer Europareise

1970 Oktober: Tod von Heinrich Blücher

1973 April bis Mai: Gifford Lectures an der University of Aberdeen, Schottland

1974 Mai: Fortsetzung der Gifford Lectures, Abbruch am 10. Mai wegen Herzinfarkt

1975 Mai bis September: Europareise, u. a. Besuch bei Martin Heidegger; am 4. Dezember Tod durch Herzinfarkt in ihrer New Yorker Wohnung

(Quelle: Lebenslauf – tabellarischer Überblick, zusammengestellt von Ursula Ludz, in: Hannah Arendt, *Ich will verstehen*, hrsg. von Ursula Ludz, München 1996, S. 249–254)

Hinweise zu den Abbildungen

Hannah Arendt Bluecher Literary Trust, New York: S. 19, 23, 30, 34, 40, 50, 67, 179 (Foto: Ricarda Schwerin, Jerusalem), 218, 225, 239, 243
Aufbau, New York: S. 49
Jerry Bauer, Rom: S. 2
The Bettmann Archive, New York: S. 213
Getty Images, München: S. 58
Rhoda Nathans, New York: S. 269
Barbara Niggl Radloff, Feldafing: S. 131
picture-alliance/akg-images: S. 29
picture-alliance/dpa: S. 173
Hans Piper, Berlin: S. 247
Piper Verlag: S. 31, 80, 105, 115, 188, 191, 202
Schiller-Nationalmuseum/Deutsches Literaturarchiv, Marbach am Neckar; Handschriften-Sammlungen, Teilnachlaß Hannah Arendt: S. 15, 234 (Foto: Hannah Arendt)
ullstein bild: S. 196 (ullstein-UPI), 227 (ullstein-dpa)

Personenregister

PIPER

Hannah Arendt
Denken ohne Geländer

Texte und Briefe. Herausgegeben von Heidi Bohnet und
Klaus Stadler. 272 Seiten. Gebunden

»›Denken ohne Geländer‹, das ist es in der Tat, was ich zu tun
versuche.« So kennzeichnet Hannah Arendt selbst ihr Denken. Die deutsch-jüdische Publizistin, Autorin, Philosophin
und politische Theoretikerin ist auch 30 Jahre nach ihrem
Tod aktuell geblieben. Die Auseinandersetzung mit ihrem umfangreichen Werk ist vielfältig.
Dieses Lesebuch bietet zentrale Texte aus diesem Werk, außerdem wichtige Stellen aus ihren Briefen. Es möchte neugierig machen auf eine der großen Denkerinnen des 20. Jahrhunderts. Philosophie, politisches Denken und politisches
Handeln, die Situation des Menschen und »Lebensgeschich-
ten« sind die Schwerpunkte des Buches.

01/1484/01/R

PIPER

Hannah Arendt
Elemente und Ursprünge
totaler Herrschaft

Antisemitismus, Imperialismus, Totalitarismus. 1015 Seiten.
Serie Piper

Unter dem Eindruck des Holocaust, der nationalsozialistischen
Vernichtung des europäischen Judentums, hat Hannah Arendt
mit »Elemente und Ursprünge totaler Herrschaft« – zuerst
1951 in New York erschienen, in deutscher Übersetzung 1955 –
zugleich eine Geschichte und eine Theorie des Totalitarismus
geschrieben. Hier hat sie »die allgemeine Vorstellung vom
monolithischen Charakter des Dritten Reiches erschüttert und
auf die eigentümliche Strukturlosigkeit totaler Regierungen
hingewiesen. Hannah Arendt analysiert den Nationalsozialismus und den Stalinismus als verwandte Herrschaftstypen
und als Folgeerscheinungen von Antisemitismus und Imperialismus.«
Deutschlandfunk

01/1004/02/R

PIPER

Hannah Arendt

Vor Antisemitismus ist man nur noch auf dem Monde sicher

Beiträge für die deutsch-jüdische Emigrantenzeitung »Aufbau«
1941–1945. Herausgegeben von Marie Luise Knott.
245 Seiten. Serie Piper

»Wir können den Antisemitismus nur bekämpfen, wenn wir
mit der Waffe in der Hand gegen Hitler kämpfen.« Dieser Satz
von Hannah Arendt macht deutlich, daß die junge Philosophin
im Krieg Stellung beziehen wollte. Sie war 1941 aus Frankreich in die USA geflohen. Bald schrieb sie regelmäßig für
den »Aufbau«. Diese in New York erscheinende Zeitung des
»German Jewish Club« war das Forum der deutschsprachigen
Juden in der »freien« Welt. Und für Hannah Arendt wurde
der »Aufbau« die zentrale Verbindung zum Weltgeschehen.
Arendts »Aufbau«-Beiträge aus den Jahren 1941 bis 1945
erscheinen hier erstmals gesammelt in Buchform in einer
kommentierten Ausgabe. Die Texte sind zugleich ein erstes
Ergebnis von Hannah Arendts politischem Handeln und der
eigentliche Anfang ihres Werkes als politische Theoretikerin.

01/1003/02/R

PIPER

Karl R. Popper
Alle Menschen sind Philosophen

281 Seiten. Gebunden

Der aus Wien stammende Philosoph Karl Raimund Popper
(1902 – 1994) war einer der einflußreichsten Denker des
20. Jahrhunderts. Er hat vor allem die Wissenschafts-
theorie, die Diskussion um das Leib-Seele-Problem, das
politische Denken im allgemeinen und das Nachdenken
über die Demokratie im besonderen maßgeblich beeinflußt. Poppers Bücher sind weltweit zu Klassikern geworden. Im vorliegenden Band sind Texte zusammengestellt
worden, die aus seinen im Piper Verlag erschienenen
Büchern entnommen wurden. Sie machen neugierig auf
Karl Popper, führen in sein Denken ein und zeigen besonders deutlich, wie klar er schwierige Fragen analysieren
und wie verständlich er schreiben konnte. Poppers Texte
helfen den Lesern, die Welt besser zu verstehen. Ob er sich
zur Philosophie allgemein, zum Bewußtsein und zum
menschlichen Selbstbewußtsein, zu Fragen und Grenzen
der Erkenntnis, zu den Ursprüngen des Wissens oder zur
Demokratie und zum Frieden äußert – immer beeindruckt
Karl Popper durch die Klarheit seines Denkens und seiner
Sprache sowie durch seine sokratische Bescheidenheit.

01/1098/01/R

PIPER

Kurt Sontheimer, Wilhelm Bleek

Grundzüge des politischen Systems Deutschlands

Aktualisierte Neusaugabe. 447 Seiten. Serie Piper

In diesem Standardwerk zur politischen Bildung steht die
Frage nach Kontinuität und Wandel des politischen
Systems Deutschlands im Mittelpunkt. Anfang 2004 aktuali-
siert, wird deutlich, daß unser Staat nach Vereinigung und
europäischer Integration vor neuen Aufgaben steht. Die Antwort sieht Wilhelm Bleek, der Kurt Sontheimers Grund-
lagenbuch weiterführt, in der Kontinuität der politischen
Strukturen im demographischen, gesellschaftlichen und
wirtschaftlichen Wandel.

»Die Information ist präzis und brillant formuliert, objektiv
im besten Sinn, kritisch und positiv zugleich.«
Heinz Abosch, Neue Zürcher Zeitung

01/1406/01/R